I0203009

www.ingramcontent.com/pod-product-compliance
Lightning Source LLC
Chambersburg PA
CBHW081152090426
42736CB00017B/3290
9781879016606

מדריך למורה

A GUIDE FOR THE TALMUD TEACHER

A DETAILED EXPLANATION OF WHAT TO TEACH AND WHY

תלמוד בבלי

מסכת בבא קמא

פרקים ב, ג, ו

חיים אברהם שיוביץ

OUPRESS

© 2014   Rabbi Kenneth Schiowitz
schiowitzk@gmail.com

Rabbi Schiowitz has advanced the goals of Talmud education with his anthology of sources and pedagogic notes prepared with forethought and continual revision for the high school Gemara instructor. I have seen in our own educational setting how his work has created a common language for developing professionals who seek R. Schiowitz's guidance and wise counsel regarding the selection of units of study and differentiating techniques for teaching students of diverse levels of aptitude and background. R. Schiowitz continues to be a highly valued and esteemed mentor to many, and this publication embodies both his expertise and boundless energy in the pursuit of Jewish education.

-Rabbi Shlomo Stochel, Associate Dean, Ramaz Upper School

Rabbi Schiowitz successfully plumbs the depths of each *sugya* and distills the salient aspects of his scholarship into a concise and coherent format. His pedagogic approach to the study of Talmud will be invaluable to every Talmud teacher and his source material will enhance Talmud lessons on every level.

- Rabbi Eliezer Rubin,
Rosh Yeshiva & Head of School, Rae Kushner Yeshiva High School

I have had the privilege of using Rabbi Schiowitz's materials while preparing lessons for high school Talmud classes. Rabbi Schiowitz explains the intricacies of the sugyot in a concise and clear manner. Furthermore, Rabbi Schiowitz presents a tremendous range of sources that allows the teacher the freedom to select that which will work best at various levels. Rabbi Schiowitz's materials also include modern day applications or sources which make the sugyot relevant and approachable for the average high school student. In short, Rabbi Schiowitz's materials are an invaluable tool for teachers of high school Gemara shiurim.

- Rabbi Eli Ciner, Associate Principal, The Frisch School

I have had the privilege of using Rabbi Schiowitz's materials for my Gemara shiurim for years. Instead of spending my time searching through the entire masechta and its expansive commentaries, I can focus on finding which materials are best for my students and what the best method of instruction would be. The depth and breadth of materials collected in this curriculum provide me with ample resources for my students to develop their skills and to find relevance and meaning in the Gemara.

-Rabbi Avery Joel, Principal, Fuchs Mizrachi Stark High School

ראיתי חלק מן החומרים של הרב שיוביץ שליט"א. ניכר בדברים שהרב למד היטב את הסוגיה ואת דברי הראשונים והאחרונים. הוא מצליח להכניס בחוברת דברים שלמד בעמל רב, באופן שיקל על רבנים אחרים להעביר את הסוגיה בצורה עיונית, גם אם אינם מכירים את שיטות הראשונים והאחרונים בסוגיה. הלימוד בחוברת דורש לימוד מן הרב המלמד, אך נותן לו את החומרים הנדרשים בכדי שיוכל ללמד את הסוגיה בצורה רצינית ועיונית.

הלימוד המעמיק והרציני היה חשוב בכל הדורות, אך חשוב במיוחד בדורנו. דור שיש בו כשרונות רבים, אך דרושים כלים מיוחדים בכדי למצות כשרונות אלו, ולקרב את הלומדים לתורה וליראת שמים.

ברכת ה' עליכם,

רב יוסף צבי רימון, רבה של אלון שבות דרום, ר"מ בישיבת הר עציון, וראש מרכז הלכה והוראה

מכתבי ברכה ממו"ר הר' שלמה הלוי וואהרמאן זצ"ל

RABBI SHLOMO WAHRMAN
147-55 76th ROAD
KEW GARDEN HILLS, NY 11367
718-544-5329

שלמה הלוי וואהרמאן

ב"ה - כ' אדר תשס"א

לכבוד ידידי הרב [illegible] שליט"א

למחנכים כהלכה

I really believe that the מדריך למחנכים is a vital piece of work & I'm confident that it will be used successfully by many competent מחנכים.

Please convey my regards to your wife & to your father in law, Horav Genack, who I believe to be of the outstanding פוסק in our time.

כל טוב,

Sw

Rabbi Wahrman *tz"l* was my Gemarah Rebbe when I was in high school at the Hebrew Academy of Nassau County. He made a tremendous impression on me and upon hundreds of students who he taught over his 30 years as a rebbe and Rosh Yeshiva at HANC.

מכתבי ברכה ממו"ר הר' שלמה הלוי וואהרמאן זצ"ל

ב"ה כ' אדר ראשון תשע"א לפ"ק

אתא לקראתי ידידי הנעלה המהולל בתשבחות מוהר"ר חיים אברהם שיחי' שליט"א וביקש ממני מכתב הסכמה על "המדריך למלמדים" שחיבר ובדעתו להוציאו לאור עולם.

מלפני כמה שנים כבר קנה לו ידידי שם טוב כשהוציא ספר "שיעורי הרב" על מס' חלה ועניני מצוות התלויות בארץ שהוא לקט שיעורים ודיבורים שהעתיקו מפי השמועה משיעורי הגאון האדיר מוהר"ר יוסף דוב הלוי סולובייצ'יק זצ"ל וראיתי רבים מגאוני תורה שמהללים ומשבחים את הספר דשבחו הגיע לכתבים.

"המדריך למלמדים" הוא ספר שתפקידו לסייע מורים לתלמיד להבין את שיעורם ביתר שאת. המדריך מציע נקודות והערות חדשות בדיבור הסוגיא הנלמדת והוסיף מראה מקומות שונות שנוגעות להבנת הסוגיא. כל זה הוא כדי להקל את הלימוד לתלמידים המבוגרים להרגילם ללמוד את הסוגיא בהתמדה רבה וביתר התלהבות.

לכן אמינא לפעלא טבא יישר כח, ובודאי ראוי להפיץ ספרו על פני תבל ויהי' ספרו לתועלת למבינים אמיתיים אשר לבם חפץ לעסוק בעסק תורה. יראו ישרים וישמחו.

ידידי הה"ר שליט"א - יקבל נא ברכה את איחולי הלבביים הבאים מתוך ידידות כנה והוקרה עמוקה, שיזכה להפיץ מעינותיו חוצה וכי ימשיך להרבות תורה כפי רצונותיו הנשגבים ויתברך בכל מילי דמיטב מנפש ועד בשר מעתה ועד עולם.

כאו"נ ידידו המוקירו כרום ערכו ומאחל לו כט"ס בלו"ח

שלמה הלוי וואהרמאן

בס"ד

בית ספר תיכון של הישיבה דפלטבוש
על שם מר יואל ברברמן

YESHIVAH OF FLATBUSH
JOEL BRAVERMAN HIGH SCHOOL

1609 AVENUE J
BROOKLYN, N.Y. 11230

(718) 377-1100
FAX: (718) 258-0933

RABBI PINCHAS ZELIG PRAG
Chairman, Talmudic Studies

הרב פנחס זליג פרג
יו"ר המחלקה לתלמוד

אדר ראשון תשנ"ד

כל ת"ח ומחנך המכיר את רמת התלמידים בישיבות התיכוניות בארצות הגולה, יודע כי הנושא מורכב קשה ומסובך. מאת מסיבות שונות, א) חוסר התעניינות בנושאים מושכלים בכלל, ובפרט בלימוד התלמוד ב) לחצים חברתיים ג) השפה וכו'.

מחנך ומורה מעולה יודע, כי אחד הכלים החשובים ליצירת רצון וחשק פנימי ללימוד הגמ' ולהנאה ממנו - הוא בחירת חומר מעניין הן מבחינת התוכן הכללי והן מבחינת מבנה הסוגיות. בנוסף לכך לימוד הגמרא עם הערות וחידושים הבנויים מתוך הסוגיה כחלק מעומק הפשט, והבאת גדולי הראשונים ויסודות חשובים של האחרונים, מוסיפה מאד ליצירת אוירת הלימוד בכיתה, מתוך שמחה וחשק פנימי.

הרב חיים אברהם שויבל שליט"א הוא תלמיד חכם ומחנך מעולה ומסור לתלמידים, ובעל נסיון רב שנים בשטח הוראת התלמוד. במשך השנים הרבות שהוא מלמד תלמוד, הוא בחר ובחן את הסוגיות המעניינות והמרתקות בסדרים מועד נשים ונזיקין. הרב שויבל כתב וערך ספר מעולה בשם "הדרכה למורה", ובו פירוט הסוגיות, הפניה והדרכה בסוגיות עצמם לראשונים ואחרונים יסודיים בסוגיה. הראשונים והאחרונים מובאים בספר בצורה ברורה ומודגשת, ובהקשר ישיר לנושא התלמודי.

הספר "הדרכה למורה" כשמו כן הוא, הוא ספר עזר מיוחד ויסודי שיעזור לכל מורה "בכל" רמת לימוד, "בבחירת הסוגיות" והכנתם, והבנתם מעמיקה וחודרת בסוגיה ובדרכי הוראתה.

ברצוני לאחל להרב שויבל שחפץ ה' יצליח בידו, והספר "הדרכה למורה" יעזור לכולנו מחנכי ומורי התלמוד, להגביר את החשק ורמת הלימוד ולהגדיל תורה ולהאדירה.

בהוקרה והערכה

זליג פרג

Introduction

This guide is meant to be a resource to assist Talmud teachers in their preparation for high school level classes. The sources that are cited are intended to provide important background knowledge for classes on any level, while more advanced classes may cover more of the sources inside the texts. In each *sugya* I highlighted the most central sources that can be added to the teaching of the Talmud. My choices are based on their value in terms of: 1) addressing the most basic and compelling questions that emerge from the Talmud, 2) providing important general knowledge of Talmud and *halacha*, 3) developing the basic skills of learning Talmud with *mefarshim,* and 4) addressing the philosophical questions that high school students are likely to be intrigued by in each particular *sugya.*

In the footnotes I attempted to explain the relative pedagogical value of each *sugya* and each additional source, as I explained why one may or may not chose to teach that material in a high school class. This work is different than other *"likutim"* in that all sources are chosen specifically based on educational concerns, with high school students in particular in mind. The premise of this work is that the choices of what to teach and what to skip is a critical educational decision that teachers must make. The limitation of time alone dictates the reality that more is skipped than is studied. For many students, the particular Torah lessons that are studied in classes become the basis for their understanding of Judaism in general. It is with this possibility in mind that my choices are made.

It is also important to highlight the fact that the impact of Talmud class within the Judaic Studies curriculum is often central and expansive. It comprises a large segment of time within the schedule and profoundly impacts the students' understanding of Judaism. The study of Torah offers a glimpse into the values, beliefs and inspiration that Judaism represents. Teachers must be cognizant of this in the preparation of the units. Similarly, the philosophical assumptions that are implicitly or explicitly conveyed through a *sugya* will shape the students' understanding of Judaism, while the teacher may not realize this. In this sense, teachers must consider the messages that are being expressed and be sure to provide students with a full picture of the Torah values. This often requires the addition of external sources, as one *sugya* may offer only a small slice of the picture. This too makes it critical that the teacher think carefully about what we are choosing to teach and what we are not teaching. It was with this perspective in mind that I have prepared this work and offered my suggestions of how to present each unit. I attempted to articulate my rationales in the footnotes. It is my hope that other teachers will find it helpful in their own thinking and planning.

It is self-evident that teachers need to prepare the material with great depth and breadth that surpasses the specifics that are taught in class. We cannot be sufficiently prepared to answer student questions without a thorough knowledge of the subject matters. For this reason I include in this work more material than I would actually teach, though everything is central to the units.

In addition, I provided all of the texts of the sources for the convenience of teachers, in order to study them and/or in order to use the texts in worksheets, etc.

I am grateful to have had the opportunity to teach Talmud at Ramaz for over 10 years and to Chair the Talmud Department. It is through that experience that I have developed most of this material. I have learned from my supervisors, colleagues and students and I am glad to have the opportunity to share what I have learned with others.

I hope that teachers will find this work helpful. Please share any comments or ideas with me at schiowitzk@gmail.com.

Lastly, and most importantly, I would like to thank my wife, Shira, for her constant encouragement, inspiration and wise counsel. Her dedication to me, to our family and to the Jewish community is invaluable and we are all greatly enriched by her.

Kenny Schiowitz

תוכן

מסכת בבא קמא – פרקים ב – ג – ו

פרק ו

מסכת בבא קמא

פרק ב׳ - פרק כיצד הרגל

1. זה נהנה וזה לא חסר (דף כ.–כ:)[1]

הגמרא בדף כ. שורה 41 עד דף כא. שורה 31.

- ״שלא מדעתו״ - אם הקפיד בעל החצר מקודם, בודאי חייב להעלות לו שכר, אבל כאן לא ידע, או שתק (ע׳ לקמן בשלחן ערוך חו״מ, שסג:ו).[2]
- ״גברא דלא עביד למיגר...זה לא נהנה״ - עי׳ ברש״י שפי׳ שיש לו בית אחר. ויש לעיין בזה, שהרי בודאי יש לו הנאת הגוף, אלא דלא הרויח כסף בעבור שיש לו בית אחר. ועיין ברש״ש (נדרים טז:) שכתב לענין נדרים שלא נחשב כהנאת הגוף אם היה יכול ליהנות באותו אופן מדבר אחר בחנם. ועוד יש לפרש שאע״פ שיש לו הנאת מהבית, אינו חייב לשלם אלא אם הרויח כסף (ולא לכל הנאה).
- ״זה חסר״ - עיין בתוספות (ד״ה זה) וברש״י (ד״ה זה) שהסבירו שנחשב כחסר משום שהיה מוגר לאחריני. ויש לעיין אם יש חילוק בין רש״י לתוס׳. [ולכאורה עוד היה אפשר לפרש דנחשב כחסר משום שכיון דקיימא לאגרא מפסיד האגר מהגברא הזה.[3] ולכאורה נ״מ בחצר שלא היה אפשר לאגורי לאחריני.]

[1] This is an extremely engaging סוגיא. It takes a long time to learn the entire סוגיא, but it is worth the time investment. The text of the גמרא is rich in skills and conceptual analysis, and the concepts are interesting and are applicable הלכה למעשה. This is the first סוגיא presented because this work follows the order of the מסכת, but it would probably be best taught later in the year, possibly after פרק ג. This *sugya* can then be contrasted with the general principles of נזיקין.

[2] This is a rather obvious point, but it is worth explicating to avoid confusion. If this is not clear to students, they will think that this סוגיא makes little sense.

[3] This is a rather obvious interpretation, and it must be understood why the ראשונים did not suggest it. It seems that this is not a real loss because this person never agreed to rent or to pay. Furthermore, "loss" is definted relative to the possibility that this person would not have come at all.

המידה[4] – זה נהנה וזה לא חסר – כופין על מידת סדום – דנו הראשונים בהשואת ב' הסוגיות הללו, וכמש"נ בדף כ: בתוספות (ד"ה הא). וכתב רש"י (בבא בתרא יב:) דמדת סדום היא "זה נהנה וזה לא חסר". ויש לבאר את הגדר של המדה הזאת. בפרקי אבות (ה:י), מגדירים מידת סדום כמי שאומר "שלי שלי ושלך שלך." בפסוק ביחזקאל (טז:מט) מבואר שבסדום לא הקפידו על מצות צדקה, ובמדרש אמרו שבטלו מצות צדקה והכנסת אורחים. יש להדגיש שמידה זו סותרת למידת עם ישראל, שלדעתינו "חסיד" הוא מי שאומר "שלי שלך, ושלך שלך". וזה גם ענין "ואהבת לרעיך כמוך" (ויקרא יט:יח), ורעיון "לפנים משורת הדין", שבעבור שלא נהגו כך חרבה ירושלים (ב"מ דף ל:). ובאמת זוהי מדת הקב"ה, וכמו שאמרו במדרש על הפסוק "והלכת בדרכיו" (דברים כח:ט) – מה דרכי שמים חנון, נותן מתנות חנם ליודעין אתו ולשאין יודעין אותו, כך אתם תנו מתנות זה לזה.

דף כ.

תוספות ד"ה זה – זה לא נהנה וזה חסר פטור, דהוי רק גרמא.[5] ועיין בהגהות הגר"א שהזכיר את הרי"ף והרא"ש (סימן ו) שחלקו על התוספות וס"ל דבכה"ג חייב. וכן פסק הרמב"ם (הל' גזילה ואבידה ג:ט).

- ומשמע דשיטת הרי"ף ודעימיה היא דעיקר המחייב הוא החסר, וכעין חיוב "מזיק" (במקום שיש הנאה, שדר בה), אע"פ שדומה לגרמא. אך כתב המגיד משנה (על אתר) דמוכח מהגמ' דלכו"ע, אם חסר בו כל שהוא, מגלגלין עליו את דמי כל ההנאה. ומבואר שיש חיוב מצד ההנאה אף בגברא דלא עביד למיגר. אך יש לדקדק בזה, שלא הביא הרמב"ם את ההלכה הזאת בכלל, ועוד, דעת הרמ"ה (מובא בנימוק"י, ונזכר לקמן) היא שחייב רק בעבור מה שחסר, ומבואר להדיא לפי"ז שעיקר החיוב הוא החסר.
- ובדעת התוספות שפטרו משום גרמא, יש לעורר שמבואר בגמרא שפשיטא דזה נהנה וזה חסר חייב, וע"כ בכה"ג חייב משום ההנאה לבד, שהרי החסר הוי גרמא. וא"כ קשה מאי

[4] This סוגיא provides a wonderful opportunity to discuss the values that underlie the הלכה. It is also important to clarify the distinction between law and values in the Torah.

[5] This is an opportunity to expose the students to the concept of גרמא. In addition, this entire debate relates to the fundamental issues of this סוגיא. גרמא cames up on דף כו as well, in the case of removing pillows from beneath a falling כלי.

קמבעיא בזה נהנה וזה לא חסר, הרי פשיטא שחייב בעבור הנאה בלבד. וע"כ צ"ל דבמקרה של זה נהנה וזה חסר אינו חייב בעבור הנאה לבד, אלא בצירוף עם החסר, וצ"ע בגדר דין זה. ועיין בפני יהושע שכתב לבאר שחייב מצד ההנאה אלא דאם אין חסר אין לחייבו משום דהוי מידת סדום.[6] בעין זה כתב גם התרומת הכרי שיש חיוב מצד ההנאה, אלא אם אין שום חסר י"ל שהוא מחל על החיוב הנאה, ואם חסר, לא מחל. ומ"מ מבואר להדיא לפי תוספות דעיקר המחייב הוא ההנאה.

דף כ:

תוספות ד"ה הא. יש לעיין בגמרא בבבא בתרא (הנ"ל, דף יב:), שנזכר בתוספות. (אולי יש ללמוד רק ה4 שורות הראשונות של התוספות.[7])

- דעת התוספות היא שאין כופין את בעל הבית לתת לו לגור בביתו לכתחילה, אע"פ דהוי כעין מדת סדום, שהרי זה נהנה וזה לא חסר. ועיין בנימוקי יוסף (דף ח:–ט. בדפי הרי"ף) בשם הרא"ה דהיינו משום דאין כופין אותו לתת לו משלו, ולהכניסו לביתו, שאם אי אתה אומר כן אין לך אדם שלא יכוף את חבירו על כרחו. [וכן פסק הפתחי תשובה (שסג:ג)]
- ועיין במרדכי (טז) ובאור זרוע (ח"ג, סי' קכג) שהביאו טעם אחר לשיטה זו, דאע"פ דלא קיימא לאגרא, מ"מ יכול הוא לאגורי ולהרויח כסף, ואם אינו רוצה לעשות כן, הרשות בידו, ואין לכופו, משא"כ במקרה של כופין על מידת סדום בב"ב, דאינו יכול להרויח אפילו אם רוצה. (וכ"כ הרמ"א בחו"מ, שסג:ו).

[והעיר הר' אהרן ליכטנשטיין דלפי השיטה הב', בעיקרון שייך הדין של כופין על מידת סדום אף לכתחילה במקרה של חצר דלא קיימא לאגרא, אך א"א לכוף, משא"כ לפי הדעה הראשונה, דס"ל דבעצם לא שייך. ונ"מ המקרה שאי אפשר לאגורי.]

- ראבי"ה (מובא במרדכי) – ס"ל דכופין אותו לתת לו לדור בביתו במקרה של זה נהנה וזה לא חסר.

6 This is a valuable source to teach because it integrates the issues of the סוגיא nicely and it develops the interaction between ethics and the law. Moreover, the פני יהושע asserts the legal argument that in principle, the squatter should always have to pay; it is just a question of whether the owner can enforce this obligation. This may validate the intuition of many students who might feel this way.

7 The rest of the תוספות may be too complex and tangential in many classes.

• **מחאת העל הבית** – כתבו התוספות שיכול בעה"ב למונעו מתחילה. ויש לעיין אם
מחה בעל הבית, ומ"מ דר שם בעל כרחו. ונראה שבכה"ג חייב לשלם לו אגרא. ועיין בזה
לקמן בדף כא. בתוספות ד"ה כהדיוט, ובמה שכתבנו שם.

תוספות ד"ה אפקורי – הביא <u>המסורת הש"ס</u> גירסה אחרת, ולכאורה גירסתנו יותר
מובנת, וכ"כ <u>המהר"ם</u>.

גמרא – "אמר רב יוסי אם עמד ניקף וגדר את הרביעית מגלגלין עליו את הכל" העיר
<u>הקהלות יעקב</u> (סימן יט) שמשמע שהסברא לפטור אותו היא משום שיכול לטעון שאינו שוה
הנאה לי. ויש לדון בזה.

תוספות ד"ה את – הקשו התוספות על רש"י וז"ל, "וקשה דהיכי חשיב ליה זה נהנה וזה
אין חסר הואיל שכל אותו הגדר לא נעשה אלא להפסיק בין שדותיו לשדה הניקף." ותירץ
<u>רש"י</u> (ד"ה הקיפא) דיתירא היא על מחיצות החיצונות. לכאורה עוד י"ל דסובר רש"י שזה
לא נחשב כחסר, שכיון שבעל החיצון אינו הבעלים על הפניני ע"כ צריך גדר, ולא משנה מי
בפנים. ולכאורה הגדירו רש"י ותוס' ש"הנאה" מוגדר ביחס לאחר, כיון שעיקר הדיון הוא אם
נחשב כמידת סדום.

תוספות ד"ה טעמא [8]

גמרא – "שאני התם משום שחרוריתא דאשייתא." עיין <u>בנמוקי יוסף</u> (סוף דף ט. בדפי
הרי"ף) שכתב בשם <u>הרמ"ה</u> שאינו חייב לשלם אלא כנגד ההפסד הזה, והביא בשם <u>הרא"ש</u>
והריטב"א שחייב לשלם בעבור כל ההנאה. וכ"כ <u>בחידושי הרשב"א</u>. ולכאורה נחלקו ביסוד
החיוב במקרה של "זה נהנה וזה חסר", אם עיקר המחייב הוא **ההנאה** או **החסר**, ועיין במה

---

[8] This first part of this תוספות is important for the skill of understanding how proofs work. Students
must understand the two attempted proofs from this משנה and whether the proof can come from the
minority view of R. Yosi. The second part of the תוספות is a separate point, raising an interesting
conceptual point of the importance of גילוי דעת.

שכתבתי בזה לעיל, בנוגע לתוספות ד"ה זה. (ולפי הפני יהושע מאוד מובנת שיטות הרא"ש, ריטב"א ורשב"א.)

תוספות ד"ה ת"ש

תוספות ד"ה והוא

דף כא.

תוספות ד"ה כהדיוט – מבואר לפי תוספות שאם מחה בעה"ב, חייב לשלם לו אגרא, ואף אם לא מחה לו בפרט, אלא מחה באופן כללי, חייב. ולפי זה י"ל שכל הדר בבית מלון וכדומה בעל כרחו של בעה"ב, חייב, שכבר מחה ואמר "כל מי שדר בבית זה חייב לשלם סכום מסוים".

גמרא – "אמר רב סחורה אמר רב הונא אמר רב: הדר בחצר חבירו שלא מדעתו – אין צריך להעלות לו שכר, משום שנאמר: ושאיה יוכת שער." הקשו הראשונים דאמאי איצטריך להאי טעמא אי קי"ל דזה נהנה וזה לא חסר פטור. ועיין ברא"ש (סימן ו) שכתב דלאו דוקא, ואסמכתא בעלמא הוא לסעד בעלמא. ועיין ברשב"א שכתב דבעינן הך הנאה להיות כנגד מה שלעולם איכא חסרון קצת מחמת דריסת הרגל. ונ"מ בכה"ג דקמשתמש בציבי.

הלכה למעשה – רמב"ם (הלכות גזילה ג:ט) – קי"ל דזה נהנה וזה לא חסר פטור, וכן פסקו כל המפרשים ובשו"ע. והיינו משום שכל הסוגיא משמע כן, וכ"כ בחי' הרשב"א.[9]

זה לא נהנה וזה חסר – תוספות (הנ"ל, כ. ד"ה זה) – פטור, רי"ף (הנ"ל) חייב. ופסק השלחן ערוך (שסג) דחייב. ועוד פסק הרמ"א (כמו הראב"ן, שהובא במרדכי) שסתם בתים שלנו עשויים לשכור, ולכן לעולם חייב, ויש לעיין אם שייך דין זה בזה"ז גם כן.

[9] This is an opportunity to demonstrate the method of פסק of the ראשונים in a case like this, where there is no conclusion in the גמרא, but there are "clues."

ויש לדון במקרים הללו:[10]

- At a game in a baseball stadium, can you move down to more expensive, empty seats?

    1. Can the stadium management insist that you are not allowed to do so?

    2. Can the stadium management force you to pay for the seat if you're caught, or can they only ask you to move?

    See http://partners.nytimes.com/library/magazine/home/20001015mag-ethicist.html

    (לכאורה הדין לכתחילה, אם מותר, תלוי על המחלוקת בין הרא"ה והמרדכי.)

- If you parked at a broken meter, can the city "sue" you for the money that you should have paid?

- If you "sneak" into a parking lot, can you be charged afterwards? What if there are a lot of empty spots? Can the owner of the lot prohibit you from parking there, even if the whole lot is empty and no one is coming?

- Carpools – Can you force someone to give you a ride? Can you ask a passenger to contribute towards gas if you are not driving out of your way at all? Not out of your way very much? How about tolls? See Rabbi Aaron Levine, *Case Studies in Jewish Business Ethics*, pp. 336-349.

- Squatter in a hotel. The squatter clearly pays the full rate. By announcing the rates, the owner of the hotel made clear that he was *makpid*. This is similar to the case of *meila*.

- Sharing class-notes. Is someone does not share his notes, is that a violation of מידת סדום? Can one be legally forced to share? What if there is a minor inconvenience during the photocopying process? May someone copy the notes without permission?

- Intellectual property. Can you copy music "illegally" (aside from the issues posed by דינא דמלכותא)? What if you would not have bought it anyway? What if you would have? If you copy the music, can the music company sue you for the sale price? Does the company have the right to say that you may not copy the music?

---

[10] The application of the concepts of this סוגיא to contemporary life is relatively easy and very meaningful. This demonstrates the relevance of the סוגיא to life and is very engaging for students. It is a real highlight of this סוגיא.

- Wireless internet. Can you use an internet signal that you pick up from your neighbor? Is it *chaser* because it slows down his connection? Is he *mochel,* because he allowed it to be unsecured? Can he be *mochel*? Is the provider *makpid*? Can they be?

  See: http://www.ynet.co.il/articles/0,7340,L-3390669,00.html

  http://www.yutorah.org/showShiurLite.cfm?shiurID=718421

  http://www.yutorah.org/lectures/lecture.cfm/718421//Shavuot-To-Go_5767:_Are_We_All_Thieves?_Hi-Tech_Heists_and_Halacha, pp. 13-16, which includes a few more applications.

It is interesting to compare the halakha to the laws of the general society regarding these issues. Please see this playlist of videos prepared by Prof. Michael Helfand who describes the law of the United States for the cases of *Zeh Nehene VeZeh Lo Chaser:*

    https://www.youtube.com/playlist?list=PLr7ntfgAVuM68_85MJHh2Y_1wwq9QHx56

מסכת בבא קמא דף כ.-כא.

א"ל רב חסדא לרמי בר חמא לא הוית גבן באורתא בתחומא דאיבעיא לן מילי מעלייתא אמר מאי מילי מעלייתא א"ל הדר בחצר חבירו שלא מדעתו צריך להעלות לו שכר או אין צריך היכי דמי אילימא בחצר דלא קיימא לאגרא וגברא דלא עביד למיגר זה לא נהנה וזה לא חסר אלא בחצר דקיימא לאגרא וגברא דעביד למיגר זה נהנה וזה חסר לא צריכא בחצר דלא קיימא לאגרא וגברא דעביד למיגר מאי מצי אמר ליה מאי חסרתיך או דלמא מצי אמר **[דף כ:]** הא איתהנית א"ל מתניתין היא הי מתניתין א"ל לכי תשמש לי שקל סודריה כרך ליה א"ל אם נהנית משלמת מה שנהנית אמר רבא כמה לא חלי ולא מרגיש גברא דמריה סייעיה דאע"ג דלא דמי למתניתין קבלה מיניה האי זה נהנה וזה חסר והאי זה נהנה וזה לא חסר הוא ורמי בר חמא סתם פירות ברשות הרבים אפקורי מפקר להו תנן המקיף חבירו משלש רוחותיו וגדר את הראשונה ואת השניה ואת השלישית אין מחייבין אותו הא רביעית מחייבין אותו ש"מ זה נהנה וזה לא חסר חייב שאני התם דאמר ליה את גרמת לי הקיפא יתירא ת"ש א"ר יוסי אם עמד ניקף וגדר את הרביעית מגלגלין עליו את הכל טעמא דגדר ניקף הא מקיף פטור ש"מ זה נהנה וזה לא חסר פטור שאני התם דאמר ליה לדידי סגי לי בנטירא בר זוזא ת"ש הבית והעלייה של שנים שנפלו אמר בעל העלייה לבעל הבית לבנות והוא אינו רוצה הרי בעל העלייה בונה בית ויושב בה עד שיתן לו יציאותיו יציאותיו הוא דמחייב ליה בעל הבית הא שכרו לא ש"מ זה נהנה וזה לא חסר פטור שאני התם דביתא לעלייה משתעבד ת"ש רבי יהודה אומר אף זה הדר בחצר חבירו שלא מדעתו צריך להעלות לו שכר ש"מ זה נהנה וזה לא חסר חייב שאני התם משום שחרוריתא דאשייתא שלחוה בי רבי אמי אמר וכי מה עשה לו ומה חסרו ומה הזיקו רבי חייא בר אבא אמר נתיישב בדבר הדר שלחוה קמיה דרבי חייא בר אבא אמר כוליה האי שלחו לי ואזלי אילו אשכחי בה טעמא לא שלחנא להו אתמר רב כהנא א"ר יוחנן אינו צריך להעלות לו שכר רבי אבהו אמר רבי יוחנן צריך להעלות לו שכר אמר רב פפא הא דרבי אבהו לאו בפירוש אתמר אלא מכללא אתמר דתנן נטל אבן או קורה של הקדש הרי זה לא מעל נתנה לחבירו הוא מעל וחבירו לא מעל בנאה לתוך ביתו הרי זה לא מעל עד שידור תחתיה שוה פרוטה ואמר שמואל והוא שהניחה על פי ארובה ויתיב רבי אבהו קמיה דר' יוחנן וקאמר משמיה דשמואל זאת אומרת הדר בחצר חבירו שלא מדעתו צריך להעלות לו שכר ושתק ליה איהו סבר מדשתיק מודה ליה ולא היא אשגוחי לא אשגח ביה כדרבה דאמר רבה הקדש שלא מדעת **[דף כא.]** כהדיוט מדעת דמי שלח ליה רבי אבא בר זבדא למרי בר מר בעי מיניה מרב הונא הדר בחצר חבירו שלא מדעתו צריך להעלות לו שכר או לא אדהכי נח נפשיה דרב הונא א"ל רבה בר רב הונא הכי אמר אבא מרי משמיה דרב אינו צריך להעלות לו שכר והשוכר בית מראובן מעלה שכר לשמעון שמעון מאי עבידתיה הכי קאמר נמצא הבית של שמעון מעלה לו שכר תרתי הא דקיימא לאגרא הא דלא קיימא לאגרא אתמר נמי א"ר חייא בר אבין אמר רב ואמרי לה אמר ר' חייא בר אבין אמר רב הונא הדר בחצר חבירו שלא מדעתו אינו צריך להעלות לו שכר והשוכר בית מבני העיר מעלה שכר לבעלים בעלים מאי עבידתייהו הכי קאמר נמצאו לו בעלים מעלין להן שכר תרתי הא דקיימא לאגרא הא דלא קיימא לאגרא אמר רב סחורה אמר רב הונא אמר רב הדר בחצר חבירו שלא מדעתו אין צריך להעלות לו שכר משום שנאמר (ישעיהו כ"ד) ושאיה יוכת שער אמר מר בר רב אשי לדידי חזי ליה ומנגח כי תורא רב יוסף אמר ביתא מיתבא יתיב מאי בינייהו איכא בינייהו דקא משתמש ביה בציבי ותיבנא ההוא גברא דבנה אפדנא אקילקלתא דיתמי אגביה רב נחמן לאפדניה מיניה לימא קסבר רב נחמן הדר בחצר חבירו שלא מדעתו צריך להעלות לו שכר ההוא

מעיקרא קרמנאי הוו דיירי ביה ויהבי להו ליתמי דבר מועט א"ל זיל פייסינהו ליתמי ולא אשגח אגביה רב נחמן לאפדניה מיניה

רש"י דף כ.

ה"ג אי נימא בחצר דלא קיימא לאגרא וגברא דלא עביד למיגר זה לא נהנה וזה לא חסר - דלא עביד למיגר זה שדר באותה חצר אינו עשוי לשכור חצרות לפי שמצויין לו בתים להשאיל או יש לו בית אחר.

זה לא נהנה - דהא שכיחי ליה בתים בחנם.

וזה חסר - דחצרו קיימא להשכיר והוה מוגר לאחריני.

תוספות דף כ.

זה נהנה וזה חסר הוא - דכל זמן שרואין את זה עומד בביתו אין מבקשין ממנו להשכיר.

תוספות דף כ:

הא איתהנית - אפילו למ"ד בפ"ק דב"ב (דף יב:) כופין אותו על מדת סדום ויהבינן ליה אחד מצרא שאני הכא שהיה יכול למונעו מתחילה מלדור בביתו ולמ"ד התם מעלינן ליה כנכסי דבר מוריון משום דדמי למונע חבירו מתחילה לדור בביתו אבל הכא כבר דר ואם תאמר ההוא דתחב לו חבירו בבית הבליעה דריש אלו נערות (כתובות דף ל:) אמאי חייב האוכל זה נהנה וזה לא חסר הוא שאם היה מחזיר היתה נמאסת ואין שוה כלום וי"ל דלא דמי הואיל ונהנה מחמת החסרון שהיה מתחילה מידי דהוי אהא דתנן מתוך הרחבה משלם מה שנהנית דאלעיסה לא מחייב דהוי שן ברה"ר אלא אהנאת מעיו מחייב אע"פ שאם מחזירו אין שוה כלום.

מסכת בבא בתרא דף יב:

ההוא דזבן ארעא אמצרא דבי נשיה כי קא פלגו א"ל פליגו לי אמצראי אמר רבה כגון זה כופין על מדת סדום מתקיף לה רב יוסף אמרי ליה אחי מעלינן ליה עלויא כי נכסי דבי בר מריון והלכתא כרב יוסף תרי ארעתא אתרי נגרי אמר רבה כגון זה כופין על מדת סדום מתקיף לה רב יוסף זמנין דהאי מדויל והאי לא מדויל והלכתא כרב יוסף תרתי אחד נגרא א"ר יוסף כגון זה כופין על מדת סדום מתקיף לה אביי מצי אמר בעינא דאפיש אריסי והלכתא כרב יוסף אפושי לאו מילתא היא

רש"י (בבא בתרא דף יב:)

על מדת סדום - זה נהנה וזה לא חסר.

משנה מסכת אבות פרק ה משנה י

ארבע מדות באדם האומר שלי שלי ושלך שלך זו מדה בינונית ויש אומרים זו מדת סדום שלי שלך ושלך שלי עם הארץ שלי שלך ושלך שלך חסיד שלי שלי ושלך שלי רשע:

<u>יחזקאל פרק טז פסוק מט</u>

הִנֵּה זֶה הָיָה עֲוֹן סְדֹם אֲחוֹתֵךְ גָּאוֹן שִׂבְעַת לֶחֶם וְשַׁלְוַת הַשְׁקֵט הָיָה לָהּ וְלִבְנוֹתֶיהָ וְיַד עָנִי וְאֶבְיוֹן לֹא הֶחֱזִיקָה:

<u>מדרש אגדה (בובר) בראשית פרק יח</u>

ומהו מעשיהם של אנשי סדום, כשהיה אורח עובר עליהם היה כל אחד ואחד נותן זהוב, אבל פת לא היו נותנים לו, והיה מת ברעב, לאחר שהיה מת היה כל אחד ואחד נוטל זהב שלו, פעם אחת היה שם עני והיה מת ברעב והיתה בת לוט ושמה כלה, והיתה הולכת לשאוב מים, והיתה משימה פת בכדה ונותנת לאותו עני, אמרו אנשי סדום מאין הוא חי זה העני, בדקו בדברים והבינו שבתו של לוט היתה מפרנסת אותו, ומה עשו הלכו והפשיטוה וטשוה דבש, והיו הדבורים והזבובים אוכלים את הדבש ונושכין אותה עד שהמיתוה, ולכך אמר עשו כלה: ועוד כשהיה עני נכנס לשם והיה רוצה לצאת משם, מיד היו משכיבים במטה קטנה, והיו חותכין רגליו, מה שהיו יוצאות מאותה המטה שהיא קצרה. ואם היה קצר היו משכיבים אותו במטה ארוכה והיו אוחזין אותו מראשו ועד רגליו, והיו מותחין אותו, כדי שיבא גופו שלם כמו המטה, והיו עושין כן עד שממיתין אותו, והיו שם הדיינים שקרור ושקרורי ז'פי ומצלירין, כשאדם שלם נכנס לשם היה אחד מהם מכה אותו על ראשו, והיה הדם יוצא ממנו, וכשהיה הולך המוכה אצל הדיינים, אומר לו הדיין צא ותן לו שכרו על שהקיזך דם. וכשהיה אדם מוליך לשם פירות או מיני קטניות למכור, היה כל אחד ואחד נוטל אחד מן הפירות, והיה אומר לבעל הפירות אני לא נטלתי אלא פרי אחד, וכך היו עושין לו עד שהיו נוטלין כל מה שהביא בידו. זימנא חדא סליק אליעזר עבד אברהם להתם ביקשו להשכיבו, ולעשות לו מה שהם רגילים לעשות לשאר האורחים, אמר להם לכו מעלי כי עלי שבועה שלא אשכב במטה עד שאראה פני אדני, למחר כשהיה הולך בשוק בא אדם אחד שקל קולפא ומחייה על רישיה, אזל אליעזר לגבי דינא למצווח על מחייה, אמר ליה דיינא זיל והב ליה אגריה על דמא דאפיק ממך, מה עבד אליעזר שקל אבנא ומחייה לדיינא ברישיה ונפק דמא, אמר לדיינא אגרא דאת יהיב לי הב לדין:

<u>מסכת בבא מציעא דף ל:</u>

אמר רבי יוחנן לא חרבה ירושלים אלא על שדנו בה דין תורה אלא דיני דמגיזתא לדיינו אלא אימא שהעמידו דיניהם על דין תורה ולא עבדו לפנים משורת הדין

<u>אליהו רבה (איש שלום) פרשה כד</u>

כִּי תִשְׁמֹר אֶת מִצְוֹת יְקֹוָק אֱלֹהֶיךָ וְהָלַכְתָּ בִּדְרָכָיו (דברים כ"ח ט'), בדרכי שמים, מה דרכי שמים רחום ורחמן על הרשעים ומקבלן בתשובה, כך אתם תהיו רחמנים זה על זה. דבר אחר מה דרכי שמים חנון, נותן מתנות חנם ליודעין אתו ולשאין יודעין אותו, כך אתם תנו מתנות זה לזה.

<u>תוספות מסכת בבא קמא דף כ.</u>

זה אין נהנה וזה אין חסר הוא - אפילו בחצר דקיימא לאגרא וגברא דלא עביד למיגר הר"מ למימר דפטור כיון שלא נהנה אע"פ שגרם הפסד לחבירו דאפילו גירשו חבירו מביתו ונעל דלת בפניו אין זה אלא גרמא בעלמא.

<u>רא"ש מסכת בבא קמא פרק ב סימן ו</u>

אילימא בחצר דלא קיימא לאגרא וגברא דלא עביד למיגר זה לא נהנה וזה לא חסר הוא. פר"י דה"ה נמי בחצר דקיימא לאגרא וגברא דלא עביד למיגר דפטור כיון דלא נהנה אף על פי שגרם הפסד לחבירו דאפילו גירש חבירו מביתו ונעל הדלת בפניו אין זה אלא גרמא בעלמא ולא מיחייב אלא כשעת הגזילה וכן המקבל שדה והובירה אין חייב אלא משום דדרשינן לשון הדיוט. ואומר בירושלמי זאת אומרת המבטל כיסו של חבירו פטור ורב אלפס ז"ל כתב אבל בחצר דקיימא לאגרא צריך להעלות לו שכר ואף על גב דלא עביד למיגר דהא חסריה ממונא. וכדבריו מוכח בשמעתין שלחוה בי רבי אמי אמר וכי מה עשה זה מה חסרו ומה הזיקו משמע הא חסרו והזיקו פשיטא שחייב ומיהו כבר הוכחתי שעל החסרון אין חייב דלא הוי אלא גרמא בעלמא ואי איכא לחיוביה מהאי טעמא איכא לחיוביה משום שאכל חסרונו של זה ולא דמי לנועל ביתו של חבירו ולא דר בו או המוביר שדה של חבירו שלא בא לידו כלום מחסרון חבירו אבל זה אף על גב שלא נהנה שהיה מוצא דירה אחרת בחנם מ"מ השתא מיהא קאכל מה שחבירו נפסד וכ"נ.אמר רב סחורה אמר רב הונא הדר בחצר חברו שלא מדעתו אין צריך להעלות לו שכר שנאמר ושאיה יוכת שער מייתי מהך קרא אסמכתא וסעד לדבריו לא מיבעיא שהוא פטור משום דהוה ליה זה נהנה וזה לא חסר אלא אפילו טובה נמי עושה עמו שמנע ביתו מליסתר:

<u>רמב"ם הלכות גזלה ואבדה פרק ג הלכה ט</u>

הדר בחצר חבירו שלא מדעתו, אם אותה חצר אינה עשויה לשכר אינו צריך להעלות לו שכר, אע"פ שדרך זה הדר לשכור מקום לעצמו, שזה נהנה וזה לא חסר, ואם החצר עשויה לשכר אע"פ שאין דרך זה לשכור צריך להעלות לו שכר שהרי חסרו ממון.

<u>מגיד משנה הלכות גזלה ואבדה פרק ג הלכה ט</u>

ומ"ש ואם החצר עשויה לשכר אע"פ שאין דרך זה וכו'. הוא כדברי ההלכות שכתב הרב אלפסי ז"ל דחצר דקיימא לאגרא וגברא דלא עביד למיגר שהוא חייב בשכירות לפי שמדה זו לא נזכרה בגמ' כלל אבל דעת התוספות שהוא פטור. ומ"מ כתבו המפרשים ז"ל שאם חסר הבית בכל שהוא כגון שהיה חדש והשחיר הכותלים וחסרו מערכו אע"פ שהיא חצר שאינה עשויה לשכר כיון שהוא מחסר קצת מגלגלין עליו את הכל והכין מוכח בגמרא:

<u>פני יהושע מסכת בבא קמא דף כ.</u>

בתוספות בד"ה זה אינו נהנה וזה לא חסר אפילו בחצר דקיימא לאגרא וכו' הוה מצי למימר דפטור כיון שלא נהנה אע"פ שגרם הפסד וכו' עכ"ל. פי' דמ"ש תחילה שאינו נהנה אין מספיק לפוטרו דרוב המזיקים נם כן אינם נהנים ואפ"ה חייבים כיון שהלה מפסיד לכך כתבו דלא חשיב הפסד כ"כ כיון דאינו אלא גרמא בנזקין בעלמא, אבל קשה דא"כ דחשבינן ליה גרמא א"כ אמאי פשוט ליה להש"ס בחצר דקיימא לאגרא וגברא דעביד למיגר דחייב דזה נהנה וזה חסר כיון דלא חשוב לחייבו ע"י שחסרו כיון דגרמא הוא. ואין לומר דפשיטא להש"ס לחייבו משום דנהנה דהא בזה נהנה וזה אינו חסר קא מיבעיא ליה משמע דהחיוב במה שנהנה לחוד אינו פשוט לו, ודוחק לומר דכיון שנהנה זה מסייעו לחייבו בשביל כן על החסרון אע"ג שהוא גרמא מצטרפין שני הסברות לחייבו אע"ג דבכל חדא לא מחייב אבל הוא דוחק, ועוד דכל היכא

דמיפטר משום גרמא לא מצינו לחלק בין היכא דנהנה או לא כגון גבי המקבל שדה מחבירו והובירה דפטור משום גרמא אי לאו משום דדרשינן לשון הדיוט וכתב הרא״ש שמשם הוציאו התוספות כאן דין זה והתם אפשר דנהנה המקבל במה שהובירה שע״י כך עוסק במלאכה אחרת ואפ״ה פטור וכן בכמה דינים של גרמא המובאים בטור חו״מ (סי׳ שפ״ו) מצינן בהו כמה דברים שנהנה המזיק ואפ״ה פטור ועוד דמצד הסברא אדרבה יותר יש לחייב בזה חסר וזה לא נהנה מבזה נהנה וזה לא חסר דעיקר חיוב ניזקין בחסרון בלא הנאה אבל הנאה בלא חסרון מיחזי כמידת סדום.

ונראה דלא קשיא מידי דסברת התוספות היא דודאי משום מה שחסר אין לחייבו כיון דהוי גרמא בניזקין אלא כיון שנהנה זה בגוף ממון חבירו שדר בביתו בזה לחוד סגי לחייבו, והא דמספקא ליה שם בזה נהנה וזה לא חסר היינו משום דאיכא למימר בכה״ג כופין על מידת סדום כיון שהלה אינו מפסיד כלל, וגדולה מזו כתב המרדכי בשם ראבי״ה דאפילו לכתחילה מצי הלה לכופו לדור בעל כרחו בחצר דלא קיימא לאגרא ואע״ג דרוב הפוסקים חולקים עליו מ״מ בדיעבד שדר כבר שלא מדעתו שפיר מספקא להש״ס, אבל בזה נהנה וזה חסר כגון בחצר דקיימא לאגרא וגברא דעביד למיגר כיון דלא שייך להזכיר כאן כלל מידת סדום כיון שמגיע לו היזק שפיר פשיטא ליה להש״ס לחייבו משום הנאתו לחוד, וכן נראה מלשון הש״ס בסמוך דמשום שחרירותא דאשיתא משלם כל דמי השכירות ולא אמרינן שלא ישלם אלא כפי שהפסידו אלא ודאי שעיקר החיוב הוא בשביל שנהנה והטעם שחרירותא אינו בא אלא להצילו מלומר שהיא מדת סדום, כן נראה לי לפרש דעת תוספות ועיין בהרי״ף דפליג באמת על התוספות בזה ודו״ק:

<u>**תוספות מסכת בבא קמא דף כ:**</u>

אפקורי מפקר להו - לא לגמרי דא״כ אפילו מה שנהנית לא משלם אלא מתייאש מהם שסבור שיתקלקלו מחמת שרבים דורסים עליהם עד שלא יבואו לדמי מה שנהנית.

<u>**נימוקי יוסף מסכת בבא קמא דף ח:-ט. בדפי הרי״ף**</u>

מאי הוה עלה. כתב הרא״ה ז״ל אף על גב דקי״ל בעלמא [ב״ב דף יב ב] דזה נהנה וזה אינו חסר כופין אותו על מדת סדום הני מילי בקרקע של שניהם שאין משתמש בשלו כלל אלא שיכול לכופו ממדת הדין שלא לעשותו וכגון הבונה כנגד חלונו של **[דף ט.]** חבירו והלה מעכב עליו שלא לסתום אורה שלו והלה רוצה לעשות לו חלונות במקום אחר שלא יפסיד מן האורה כלל כגון זה אמרינן כופין אבל להשתמש בשלו כלל לא אמרו שאם אי אתה אומר כן אין לך אדם שלא יכוף את חברו על כרחו ע״כ וכן דעת הרא״ש ז״ל והריטב״א ז״ל דכה״ג לא אמרינן כופין אותו על מדת סדום:

<u>**פתחי תשובה חושן משפט סימן שסג**</u>

סעיף ו׳ (ג) דאי בעי ליהנות כו׳ - משמע שדבר שאינו יכול להרויח בו יכול זה לכופו אף לכתחילה. ועיין מה שכתבתי לעיל סימן ק״ע סעיף א׳ בד״ה כולם [סק״א] בשם תשובת נודע ביהודה תניינא [חו״מ] סי׳ כ״ד שכתב דפשוט שזה רק להרמב״ם [פי״ב משכנים ה״א, המובא] בריש סימן קע״ד אבל לדעת הרא״ש [ב״ב פ״א סי׳ מ״ו] כו׳, ע״ש. גם בתשובת בית אפרים חלק חו״מ סי׳ מ״ט כתב וז״ל, וצ״ע על הרמ״א בסימן שס״ג שכתב טעמא כיון דהוה מצי לארווחי אלא דלא בעי, והוא מדברי המרדכי [המובא בציונים אות י״ב], אבל מדברי הפוסקים לא משמע כן [אלא דאפילו היכא דלא שייך האי טעמא לא מצי לכופו לכתחילה], עיין בב״י

ב"ק [ח' סוף ע"ב מדפי הרי"ף] בשם הרא"ה, וכן מוכח להדיא מדברי התוס' ב"ב דף י"ב ע"ב [ד"ה כגון] בשם הריצב"א, והר"ר ישעיה הובא בש"מ ב"ק דף כ' [ע"א ד"ה לא צריכא], שתירצו דהא דאיצטריך קרא בבכור דפלגינן ליה אמצריו משום דבעלמא אין כופין על מדת סדום אם הוא מוחה ומונע, ע"ש, עכ"ל. ועיין ביאור הגר"א ז"ל [סקי"ז]:

מרדכי מסכת בבא קמא פרק כיצד הרגל [רמז טו]

זה נהנה וזה אינו חסר כתב רבינו אבי העזרי שמעתי דמצי למיכפייה דהא כופין על מדת סדום וי"מ דאין כופין אלא כגון היכא דמהני [*אפילו] אי הוה בעי לארווחי בהא מלתא לא מצי לארווחי הלכך כייפינן ליה כיון דלא חסר מידי אבל היכא דאי הוה בעי בעל החצר לאיגורי הוה מירווח השתא נמי כי לא מוגר ליה לא כייפי ליה כך פירש ר"י דאין כופין להבא אך אם עבר ונהנה א"צ להעלות לו שכר

ספר אור זרוע חלק ג פסקי בבא קמא סימן קכב-קכג

סימן קכב: ויש אומרים דכפינן ליה לבעל החצר שיניח את זה לדור בו דכיון דלא קיימא לאגרא כגון זה כופין אותו על מדת סדום כדאמרינן בפ"ק דב"ב גבי תרתי ארעתא שיש להם לחלוק על חד נגרא ואחד מהם קנה קרקעות אצל האחת. כגון זה כופין על מדת סדום דכיון דאחד (מהם) ניגרא נינהו שתיהן שוות וכפינן את זה שיניח ויתן לו הקרקע שאצל הקרקע שקנה. הכא נמי כפינן לבעל החצר שיניח לדור בחצירו לזה הראשון שבא לדור בתוכו:

סימן קכג: ויש אומרים שאני התם דאפילו אי הוה שקיל חד קרקע אצל הקרקע שקנה זה לא היה מרויח כלום דשתיהן שוות ואפי' בעי לארווחי (ו)לא מצי לארווחי ולא מידי. הילכך כגון זה כופין על מדת סדום. אבל הכא אי בעי בעל חצר לאוגרי לעלמא הוה מרווח. השתא כי נמי לא אוגר ליה לא כייפינן ליה:

וכן כתב רבינו שמשון בר אברהם זצ"ל בשמעתתין דרך פשטיה שיכול למונעו מלדור בביתו.

מהר"ם מלובלין מסכת בבא קמא דף כ:

ד"ה אפקורי מפקר וכו' אלא מתיאש מהם שסבור שיתקלקלו מחמת שרבים דורסים עליהם עד שלא יבאו לדמי מה שנהנית כך היא הגירסא בספרים שלפנינו. ור"ל דהא דקאמר בגמרא אפקורי מפקר לאו דוקא אלא ר"ל מסתמא מתיאש מהם אם לא יתקלקלו הרי טוב ואם יתקלקלו אפילו לגמרי אפי' עד שלא יגיע לדמי מה שנהנית יתקלקלו ולכך לא מקרי זה נהנה וזה חסר דמסתמא לדעת זה הניחם בר"ה אבל מ"מ לא הפקירם כל זמן שמתקיימין ולא נתקלקלו ע"י דריסה ולכך כשאוכלתן הבהמה משלמת מה שנהנית ובזה יתיישב שפיר וביש ספרים גרסינן "עד שלא באו אלא לדמי מה שנהנית" והגיהו כן משום שהיה קשה להם דאם מתייאש מהם שיתקלקלו לגמרי אפי' עד שלא יבאו לדמי מה שנהנית א"כ הדרא קושית התוס' לדוכתא דא"כ אפי' מה שנהנית לא משלם אבל לפי מה שכתבתי אין כאן קושיא כלל ואדרבה לפי אותה הגירסא דגרסי אלא לדמי מה שנהנית דמשמע דמדמי מה שנהנית לא נתיאש מעולם א"כ הדרא קושית הגמרא לדוכתה דא"כ ה"ל זה נהנה וזה חסר וק"ל:

<u>מסכת בבא בתרא דף ד:</u>

מתני' המקיף את חבירו משלש רוחותיו וגדר את הראשונה ואת השניה ואת השלישית אין מחייבין אותו רבי יוסי אומר אם עמד וגדר את הרביעית מגלגלין עליו את הכל

<u>רש"י מסכת בבא קמא דף כ:</u>

הקיפא יתירא - דאי לאו שדה של שמעון בין שדותיו הוי סגי ליה במחיצות חיצונות והוו כל שדותיו גדורים והלכך חסר הוא בשבילו.

<u>תוספות מסכת בבא קמא דף כ:</u>

את גרמת לי הקיפא יתירא - מתוך פירוש הקונטרס משמע דמיירי בגדר שבין שדהו לשדה ניקף וקשה דהיכי חשיב ליה זה נהנה וזה אין חסר הואיל שכל אותו הגדר לא נעשה אלא להפסיק בין שדותיו לשדה ניקף ועוד דהוה ליה למימר את גרמת לי כל זה ההיקף דהקיפא יתירתא משמע שגרם ליה להרבות אלא נראה שמבחוץ סביב לד' רוחות הקיף והקיפא יתירא משום שמחמת שדה האמצעי ההיקף גדול יותר מדאי.

<u>תוספות מסכת בבא קמא דף כ:</u>

אם עמד ניקף - בסדר המשנה ל"ג בהדיא ניקף אלא ללישנא דמפרש התם דקאי אניקף דייק הכא.

<u>תוספות מסכת בבא קמא דף כ:</u>

טעמא דניקף הא מקיף פטור - ואפילו רבנן לא פליגי אלא משום דא"ל את גרמת לי הקיפא יתירא וא"ת ואי זה נהנה וזה לא חסר פטור אפילו עמד ניקף נמי וי"ל שאני עמד ניקף דגלי אדעתיה דניחא ליה בהוצאה ולא דמי לדר בחצר חבירו דלא גלי אדעתיה אלא בחנם.

<u>נימוקי יוסף מסכת בבא קמא דף ט.</u>

מכל מקום אינו מחויב לתת לו יותר ממה שעולה אותו הפסד זה דעת הרמ"ה ז"ל אבל דעת הרא"ש והריטב"א ז"ל דאע"ג דלא מחסר ליה אלא בדבר מועט משלם לו כל מה שהנהו וכן דעתם גבי יתמי דבסמוך ומסתייע מהא דאמר מגלגלין עליו את הכל וכדמשמע מתוך הסוגיא דגמ' [דף כ ב] דמשום שחריתא דאשיאתא שהוא חסרון מועט מגלגלים עליו את הכל:

<u>חידושי הרשב"א מסכת בבא קמא דף כ:</u>

שאני התם משום שחרוריתא דאשיתא. שבנין זה חדש ולבן וזה משחירו, ומכאן שמענו שאע"פ שאין הפסד אותו השחרוריתא אלא מעט, על ידיו מגלגלין עליו כל השכר כפי מה שנהנה, וכן נמי שמעינן לה מקלקלתא דיתמי דאמרינן לקמן דאתא ההוא גברא ובנה בה אפדנא ואמר לי' רב נחמן פייסינהו ליתמי ולא פייסינהו ואגביה רב נחמן לאפדניה מיניה ואמרינן לימא קסבר רב נחמן הדר בחצר חברו שלא מדעתו צריך להעלות לו שכר ואמרו ההוא מעיקרא קדמונאי הוו דיירי ביה ויהבי להו ליתמי דבר מועט כלומר וכיון שהם חסרים אפילו דבר מועט מחייבין אותו ליתן שכרם משלם, משל אם בא לנפות מנפה את כולו (ב"ב צ"ד א').

<u>תוספות מסכת בבא קמא דף כ:</u>

ת"ש ר"י אומר - ואפילו רבנן לא פליגי אלא משום דביתא לעלייה משתעבד.

<u>תוספות מסכת בבא קמא דף כ:</u>

והוא שהניחה ע"פ ארובה - פ"ה דלא קבעה בבנין דלא הוי שינוי הלכך לא מעל עד שידור תחתיה ותימה כי קבעה נמי לא קני דשינוי החוזר לברייתו הוא כדאמר בהגוזל קמא (לקמן צו:) האי דגזל נסכא מחבריה עבדיה זוזי לא קני בשינוי מ"ט דהדר עביד להו נסכא.

<u>רא"ש מסכת בבא קמא פרק ב סימן ו</u>

אמר רב סחורה אמר רב הונא הדר בחצר חברו שלא מדעתו אין צריך להעלות לו שכר שנאמר ושאיה יוכת שער מייתי מהך קרא אסמכתא וסעד לדבריו לא מיבעיא שהוא פטור משום דהוה ליה זה נהנה וזה לא חסר אלא אפילו טובה נמי עושה עמו שמנע ביתו מליסתר:

<u>חידושי הרשב"א מסכת בבא קמא דף כא.</u>

אמר רב הונא אמר רב הדר בחצר חברו שלא מדעתו אין צריך להעלות לו שכר משום שנאמר ושאייה יוכת שער ורב יוסף אמר ביתא אמותבנא מיתבא. אני תמיה דמשמע הכא דדוקא משום דבעל החצר נהנה במקצת כרב הונא או כרב יוסף הא לאו הכי לא אמרינן זה נהנה וזה לא חסר פטור, וכולה שמעתין משמע דכל שאינו חסר וזה נהנה פטור כההיא דהמקיף את חברו וכההיא דנטל אבן או קורה דהוה דייקינן מינה לעלמא דהדר בחצר חבירו שלא מדעתו חייב הא למ"ד פטור אף זה הי' פטור, ור' יוחנן נמי לא אשגח ביה בר' אבהו דאמרה משמיה דשמואל ואמרינן טעמא משום דהקדש שלא מדעת כהדיוט מדעת הוה הא דהדיוט דכותה אע"פ שנהנה בשוה פרוטה פטור אע"ג דבעל אבן וקורה לא מתהנו בכלום ע"י כן. ושמא נאמר כי על כל פנים יש הפסד קצת בבתים מחמת דריסת רגל הדורין אלא שהריוח שמצילין אותה משאיה עולה כנגד הפסד זה, וממנה שאם היו כבר אנשי ביתו או אנשים אחרים דרים בה מחמת בעל הדירה ובא אחר ודר בה מעלה לו שכר, והיינו דקאמר איכא בינייהו דקא משתמש ביה בתיבני ובציבי. ובהא דאיכא בין רב הונא ורב יוסף דהיינו דמשתמש ביה בתיבני וציבי מסתברא דאזלינן לקולא דלא ידעינן הלכתא כמאן והוי קולא לתובע וחומרא לנתבע ולא מפקינן ממונא אלא בראיה, והריא"ף ז"ל לא פסק בה כלום.

<u>שולחן ערוך חושן משפט סימן שסג</u>

סעיף ו הדר בחצר חבירו שלא מדעתו, שאמר לו: צא, ולא יצא, חייב ליתן לו כל שכרו. ואם לא אמר לו: צא, אם אותה חצר אינה עשויה לשכר, אינו צריך להעלות לו שכר. (ואף על פי שהוציא את בעל הבית בעל כרחו מן הבית והוא דר בו (מרדכי פרק כיצד הרגל). ואפילו היה רגיל להשכיר, רק שעכשיו לא עביד למיגר, בתר האי שעתא אזלינן) (נ"י פ' הנ"ל), אף על פי שדרך זה הדר לשכור מקום לעצמו, שזה נהנה וזה אינו חסר. **הגה:** ודוקא שכבר דר בו, אבל לא יוכל לכופו לכתחילה שיניחנו לדור בו, אע"פ דכופין על מדת סדום במקום שזה נהנה וזה אינו חסר, הני מילי בדבר דאי בעי ליהנות לא יוכל ליהנות. אבל בכי האי גוונא דאי בעי בעל חצר ליהנות ולהרויח להשכיר חצירו היה יכול, אלא שאינו רוצה, אין כופין אותו לעשות בחנם (מרדכי ונ"י פרק הנ"ל). ואם החצר עשויה לשכר, אף על פי שאין דרך זה לשכור, צריך להעלות לו שכר, שהרי חסרו ממון. **הגה:** מיהו אם לא היה דר בו, אלא שגזלו ממנו, פטור לשלם השכירות (טור ס"ו בשם הרא"ש ולאפוקי מהרמ"ה). וסתם בתים בזמן הזה קיימי לאגרא ואף על גב דעדיין לא השכירו מעולם (מרדכי פרק כיצד הרגל והגהות מיימוני פ"ג דגזילה ועיין בת"ה סימן ש"ז).

סעיף ז יש אומרים דכשאין החצר עומד לשכר דאמרינן דאינו צריך להעלות לו שכר, אם חסרו אפילו דבר מועט, כגון שהיה הבית חדש וזה חסרו במה שהשחירו, אף על פי שאין הפסד אותו שחרורית אלא מועט, ע"י מגלגלין עליו כל השכר כפי מה שנהנה. (ואם כן אם אין דרך זה לשכור, פטור, דהא לא נהנה ויש חולקים) (ר' ירוחם נ"ב שתי הדעות).

סעיף ח יש אומרים דהא דאמרינן דכשהחצר אינו עומד לשכר אינו צריך להעלות לו שכר, דוקא שלא גילה הדר בדעתו שהיה רצונו ליתן לו שכר אם לא יניחנו לדור בו בחנם. אבל אם גילה בדעתו כן, צריך ליתן לו שכר.

סעיף ט י"א דהא דאמרינן דבחצר שאינו עומד לשכר אינו צריך להעלות לו שכר, אפילו אם שכרו מאחר שהיה סבור שהוא שלו, ונמצא שאינו שלו, אין צריך ליתן לו שכר, אף על פי שנכנס על דעת ליתן לו שכר. ואפילו אם נתנו לזה ששכרו ממנו, צריך להחזירו. ואם נתן לו השכר, כיון שהוא ברור שבטעות יהב ליה, חייב להחזירו.

סעיף י יש אומרים שזה שאמרנו בחצר העשויה לשכר חייב להעלות לו שכר, אפילו שכרו מראובן ונתן לו השכר, ונמצאת שאינו שלו אלא של שמעון, צריך ליתן לשמעון שכרו. **הגה**: ודוקא ששמעון או שלוחיו בכאן שהיו משתדלין להשכירו. אבל אם אינו בעיר ואין מי שמשתדל להשכירו, הוי כחצר דלא קיימא לאגרא, ואף על פי ששכרו מראובן אין צריך ליתן לשמעון כלום, וכמו שנתבאר (הגהות מיימוני פרק ג' דגזילה), ויחזור ויתבע מראובן מה שנתן לו. ואפילו שכרו מראובן בפחות מכדי דמיו, צריך ליתן לשמעון כל השכר הראוי ליתן לו, ויחזור ויתבע מראובן מה שנתן לו. ואם שכרו מראובן בדמים יקרים, ונמצא הבית של שמעון, לא יפרע לו אלא כפי מה ששוכרים אחרים. ואפילו אם נתן כבר לראובן, אינו נוטל שמעון אלא כפי מה ששוכרים אחרים. ומיהו אם באו הדמים ליד שמעון, והוא טוען שלא היה שוכרה בפחות, מספיקא לא מפקינן מיניה. **הגה**: ישראל שברח מן העיר, ולקח (השר) ביתו והשאילו לישראל אחר, אין צריך להעלות שכר לבעלים, דהא לא קיימא לאגרא, דאי לא הוי דר בו ישראל השני דר בו עובד כוכבים (הג"מ פ"ג דגזילה ומרדכי פ' כיצד הרגל). השוכר בית מחבירו וחזר והשכירו לאחרים ביותר ממה ששכרו, אם היה לו רשות להשכירו לאחרים בענין שנתבאר לעיל סי' שט"ז, המותר הוא שלו. ואם לא היה לו רשות להשכירו, המותר לבעלים (נ"י פ' הנ"ל). האומר לחבירו: דור בחצרי, אין צריך ליתן לו שכר (ב"י בשם הרשב"ע). שני שותפין בבית, והשכיר אחד מן השותפין כל הבית שלא מדעת שותפו, צריך השוכר ליתן לשותף השני חלקו (ב"י בשם הרשב"א); אבל אם לא שכר כל הבית, רק חלק השותף שהשכיר לו, אין צריך ליתן לשני כלום (ד"ע).

1. זה נהנה וזה לא חסר (דף כ.-כ:)

2. הקדמה לדיני נזיקים

האיסור להזיק ותשלומי נזיקין[1]

יש לבאר את החילוק ביניהם. המסכת דנה בחובת התשלומין, אבל יש איסור להזיק

בנפרד לזה. וזה מוכח בכמה מקומות, ודן בזה בספר <u>קהלות יעקב</u> (סימן א):[2]

- ב<u>קידושין</u> (דף מב:) מבואר דאמרינן "אין שליח לדבר עבירה" במי ששלח את הבעירה

  ביד חש"ו.[3]

- ב<u>גיטין</u> (דף נג:) מבואר בגמ' ו<u>ברש"י</u> שבהיזק שאינו ניכר אין איסור דאורייתא משום

  שאינו מזיק ממש. ומבואר דבהיזק ממש יש איסור דאורייתא.[4]

- ומבואר ב<u>בבא בתרא</u> (דף כב:–כג.) שאפילו גרמא בניזקין אסור, וכ"ש היזק ממש.[5]

אבל לא הביאה הגמרא באף מקום את המקור לאיסור זה, והעלו האחרונים כמה

אפשריות:

- <u>קהלות יעקב</u> (סימן א) – השבת אבידה, בקל וחומר – אם חייב להשיב לו ממונו, וחייב

  אף להציל את ממון חבירו מהפסד (כדמבואר ב<u>בבא מציעא</u> דף לא. שאם ראה מים

  ששוטפין ובאין הרי זה גודר וכו'), בוואי מוזהר שלא לגרום היזק.[6]

---

[1] This is an important topic to introduce at the outset of studying בבא קמא because it does not emerge explicitly in the תלמוד. In addition, it is very important for students to see the moral issue in addition to the legal laws. They should understand that פטור does not mean מותר. Moreover, this is also the background for the issue presented below of whether the obligation to pay for damage is a חידוש and whether we need sources from פסוקים and what the internal logic of the obligation is. This discussion will resolve many questions that emerge throughout בבא קמא.

[2] These three examples all illustrate the same point – that there is a prohibition against damaging. It may not be necessary to teach all three, although each one has its own value.

[3] This source provides an additional opportunity to expose students to the concepts of שליחות and אין שליח לדבר עבירה.

[4] This source provides an additional opportunity to expose students to the concept of היזק שאינו ניכר.

[5] This source provides an additional opportunity to expose students to the concept of גרמא בניזקין.

[6] This approach is particularly compelling. The source is also very far reaching in that it includes all kinds of damage.

- בחובל בחבירו הוא עובר ב"לא יוסיף", ולוקין על זה אם חבל בפחות משוה פרוטה (דבכה"ג אין ממון) – ואם יש לאו בשליח בית דין, קל וחומר באחר.
- לפני עור – שייך דוקא לנזק של בור (משך חכמה, פרשת קדושים).
- בל תשחית – ולפי זה אסור אף בבמון שלו, אך איסור זה לא שייך בנזק שיש בו תועלת.
- לא תגנוב (רבינו יונה)

ויש לעיין בקשר שבין האיסור לחיוב ממון. ועי' ברשב"א (ב"ק ב:) שהעלה שבספק מזיק יש לומר ספיקא דאורייתא לחומרא, ולא אמרינן שהמוציא מחבירו עליו הראיה.[7] ועיין בזה בברכת שמואל (ב"ק סימן ב).

האבות נזיקין

המשנה בדף ב. אולי יש לפרש את המשנה על פי שיטת רב, דס"ל דמבעה זה אדם.[8]

הפסוקים בתורה

שמות (כא:יח–לו), שמות (כב:ד–ה), ויקרא (כד:יח–כב)

תשלומי נזיקין – חידוש הקרא או סברא?[9]

עיין בחידושי הגר"ח על הרמב"ם (הל' טוען ונטען) שכתב לחלק בין חובת תשלומין במזיק את האדם למזיק ממון, דמזיק ממון הוי כתשלומים בעבור ההפסד, משא"כ מזיק אדם

[7] This is a nice illustration of this important conceptual difference. Students should certainly be aware of the principles of ספק דאורייתא and ספק ממון.

[8] This may make the understanding of the משנה simpler for students who are not familiar with the subcategories of קרן, שן, ורגל.

[9] This entire question and some of these sources may be too complex and abstract for many classes. However, the basic concepts here provide a terrific foundation for the learning of בבא קמא. The discussion provides a philosophical framework and anticipates many of the challenges in בבא קמא, explaining, for example, why the obligations for damages are treated more like a punishment and have exceptions like גרמא, even though damage was definitively caused. The concepts can be presented to any class, although the texts themselves are very challenging.

דהוי בקנס. ולכאורה היינו משום שאין לאדם בעלות על הגוף שלו, משא"כ בממונו. וראיה לזה ממה שאסור לחבול בעצמו כדמבואר בגמרא (בבא קמא דף צא:), ומובא ברמב"ם (פ"ה מהלכות חובל ה"א), או משום שבאמת חייב לשלם עין ממש תחת עין, ומפני שזה אי אפשר, קנסו לשלם ממון, אבל אינו ממש תשלומי עין.

ועיין עוד בספר קונטריסי שיעורים שכתב שאף המזיק ממון חייב מחמת גזירת הכתוב, ולא מסברא. ואפשר דאף נזקי ממון משום שאי אפשר לשלם את החפץ שהזיק, וחייב רק בבעין קנס.

ועיין בספר החינוך בשרש למצות תשלומי נזיקין (מצות מט, נא, נג, נה, נו) שכתב ש"אין צריך ליגע אחר טעמו של דבר כי דבר מושכל הוא שאם אין משפט לא יתיישבו בני אדם ולא יעמדו יחדיו לעולם ואי אפשר לארץ בלתי המשפט."

(ואולי יש לדקדק בלשון החינוך דע"כ צריכים משפט, אבל בעיקרון אין על המזיק לשלם אלא משום תקנת העולם, ולהכי הוי כמלוה הכתובה בתורה, ויש לעיין.)

ודרך אגב יש סיפור נפלא על הגר"ז גוסטמאן זצ"ל:

http://www.aish.com/jewishissues/jewishsociety/The_Rabbi_and_the_Professor.asp

המשנה (בדף פג:) – ההבדל בין נזקי ממון לנזקי אדם, וחיוב ד' דברים

המשנה (בדף כג:) – תם ומועד

<u>מסכת קידושין דף מב:</u>

והא דתנן השולח את הבעירה ביד חרש שוטה וקטן פטור מדיני אדם וחייב בדיני שמים שילח ביד פיקח פיקח חייב ואמאי נימא שלוחו של אדם כמותו שאני התם דאין שליח לדבר עבירה דאמרינן דברי הרב ודברי תלמיד דברי מי שומעים

<u>מסכת גיטין דף נג:</u>

לימא כתנאי המטמא והמדמע והמנסך אחד שוגג ואחד מזיד חייב דברי ר"מ רבי יהודה אומר בשוגג פטור במזיד חייב מאי לאו בהא קמיפלגי דמר סבר היזק שאינו ניכר שמיה היזק ומר סבר לא שמיה היזק אמר רב נחמן בר יצחק דכולי עלמא היזק שאינו ניכר לא שמיה היזק והכא בקנסו שוגג אטו מזיד קא מיפלגי דמר סבר קנסו שוגג אטו מזיד ומר סבר לא קנסו שוגג אטו מזיד ורמי דרבי מאיר אדרבי מאיר ורמי דרבי יהודה אדרבי יהודה דתניא המבשל בשבת בשוגג יאכל במזיד לא יאכל דברי רבי מאיר ר' יהודה אומר בשוגג יאכל למוצאי שבת במזיד לא יאכל עולמית ר' יוחנן הסנדלר אומר בשוגג יאכל למוצאי שבת לאחרים ולא לו במזיד לא יאכל עולמית לא לו ולא לאחרים קשיא דרבי מאיר אדרבי מאיר קשיא דרבי יהודה אדרבי יהודה דר"מ אדרבי מאיר לא קשיא כי קניס בדרבנן בדאורייתא לא קניס והא מנסך דאורייתא הוא וקא קניס משום חומרא דעבודת כוכבים קנס ליה דר' יהודה אדר' יהודה לא קשיא כי לא קניס בדרבנן בדאורייתא קניס והא מנסך דאורייתא ולא קניס משום חומרא דעבודת כוכבים מיבדל בדילי מיניה

<u>רש"י (גיטין דף נג:)</u>

מטמא ומדמע - איסורא דרבנן הוא כיון דלא שמיה היזק אין כאן איסורא דאורייתא ודברי סופרים צריכין חיזוק הלכך קניס אף השוגג אבל בישול בשבת איסורא דאורייתא הוא ולא שכיח דעברי עלה הלכך לא קניס.

<u>מסכת בבא בתרא דף כב:-כג.</u>

מתני' מרחיקין את הסולם מן השובך ארבע אמות כדי שלא תקפוץ הנמייה ואת הכותל מן המזחילה ד' אמות כדי שיהא זוקף את הסולם

גמ' לימא מתניתין דלא כר' יוסי דאי ר"י הא אמר זה חופר בתוך שלו וזה נוטע בתוך שלו אפילו תימא ר' יוסי הא אמר רב אשי כי הוינן בי רב כהנא הוה אמר מודי רבי יוסי בגירי דידיה ה"נ זמנין דבהדי דמנח ליה יתבא בחור וקפצה והא גרמא הוא א"ר טובי בר מתנה זאת אומרת גרמא בניזקין אסור רב יוסף הוה ליה הנהו תאלי דהוו **[דף כג.]** אתו אומני ויתבי תותייהו ואתו עורבי אכלי דמא וסלקי אבי תאלי ומפסדי תמרי אמר להו רב יוסף אפיקו לי קורקור מהכא א"ל אביי והא גרמא הוא א"ל הכי אמר רב טובי בר מתנה זאת אומרת גרמא בניזקין אסור והא אחזיק [להו] הא אמר רב נחמן אמר רבה בר אבוה אין חזקה לנזקין ולאו איתמר עלה רב מרי אמר בקוטרא ורב זביד אמר בבית הכסא אמר ליה הני לדידי דאנינא דעתאי כי קוטרא ובית הכסא דמו לי

<u>מסכת בבא מציעא דף לא.</u>

תניא דמסייע לך; ראה מים ששוטפין ובאין - הרי זה גודר בפניהם.

משך חכמה ויקרא פרק יט פסוק יד

ולפני עור לא תתן מכשול. הכותים מפרשים כמשמעו, שלא יתן אבן לפני עור בדרך להפילו [רש"י חולין ג.], וכן הוא אמת. ומזה אזהרה לפותח או כורה בור ברשות הרבים. ומשום זה אמרו בור ברשות הרבים של שני שותפים... אי דאמרי ליה זיל כרי לן (ואזל כרי להו), אין שליח לדבר עבירה (עכ"ל)! היינו דלאו ד"לא תתן מכשול" איכא [ואיסורה דבר תורה, דלא כמשנה למלך בפרק ב מהלכות רוצח]. ובבור ברשותו, איכא אזהרה בספרי מ"לא תשים דמים בביתך" (דברים כב:ח), יעויין שם. והלאו כולל גם אם מכשיל חבירו בדרך שהוא עור בדעתו, או מחמת תאותו וזדון לבבו. ואם מיעצו לפי דרכו וכיוצא בזה הוי כמו לאו שבכללות, לכן אין לוקין עליה, כן נראה לי. וכן מצאתי לרבינו בספר המצות בשורש ט, יעויין שם.

פירוש רבינו יונה על אבות פרק א

משה קבל תורה מסיני ומסרה ליהושע - בין תורה שבכתב בין תורה שבע"פ שהתורה בפירושה ניתנה שאם לא כן אי אפשר למדע ביה שהרי כתוב לא תגזול וכל נזיקין בכלל אותו הלאו והן הן התורה שהיה קבלת משה בסיני אף על פי שלא נכתבו

חידושי הרשב"א מסכת בבא קמא דף ב:

אבל במחוברת אימא כולה מועדת היא כו'. ק"ל אדרבה אימא כולה תמה היא לשלם חצי נזק בלחוד דכל לאפוקי ממונא קולא לתובע וחומרא לנתבע, וי"ל דאדרבה בנזיקין ספיקי דידהו להחמיר כאיסורין, ועוד יש לומר דלפחות מן התלושה אי אפשר דק"ו הוא, ואי קשיא לך דמשמע דאין עונשין מן הדין אף בנזיקין וכדאמרי' במכילתא תניא כי יפתח איש בור או כי יכרה אם על פותח חייב על כורה לא כ"ש ללמדך שאין עונשין מן הדין, מסתברא לי דלא אמרו כן אלא בנזקי בור מפני שהוא חדוש וליכא בכלהו נזיקין דכותיה לפי שאין דרכו לילך ולהזיק ועוד שאינו שלו ואפ"ה עשאו הכתוב כאילו הוא שלו ועוד שהניזק בא לרשותו של מזיק דהיינו חלל הבור ואין עונשין מדין כזה שאין לך בו אלא חדושו אבל שאר נזיקין שממונו הולך ומזיק עונשין בהן מן הדין, וכן אמרו בגמ' באוקמתא דרב יהודה דמפרש אליבא דשמואל שור לקרנו ומבעה לשנו מאי לא ראי זה כראי זה כו' ולאו ק"ו הוא ומה שן שאין כונתה להזיק חייבת קרן שכונתה להזיק לא כ"ש, וכן במתניתין דקתני לא ראי זה כראי זה משמע נמי דעונשין מן הדין דלא אמר אלא שאין ללמוד את הקל מן החמור הא חמור מן הקל ילפינן.

משנה מסכת בבא קמא פרק א משנה א

ארבעה אבות נזיקים השור והבור והמבעה וההבער לא הרי השור כהרי המבעה ולא הרי המבעה כהרי השור ולא זה וזה שיש בהן רוח חיים כהרי האש שאין בו רוח חיים ולא זה וזה שדרכן לילך ולהזיק כהרי הבור שאין דרכו לילך ולהזיק הצד השוה שבהן שדרכן להזיק ושמירתן עליך וכשהזיק חב המזיק לשלם תשלומי נזק במיטב הארץ:

שמות פרק כא

(יח) וְכִי יְרִיבֻן אֲנָשִׁים וְהִכָּה אִישׁ אֶת רֵעֵהוּ בְּאֶבֶן אוֹ בְאֶגְרֹף וְלֹא יָמוּת וְנָפַל לְמִשְׁכָּב: (יט) אִם יָקוּם וְהִתְהַלֵּךְ
בַּחוּץ עַל מִשְׁעַנְתּוֹ וְנִקָּה הַמַּכֶּה רַק שִׁבְתּוֹ יִתֵּן וְרַפֹּא יְרַפֵּא: ס (כ) וְכִי יַכֶּה אִישׁ אֶת עַבְדּוֹ אוֹ אֶת אֲמָתוֹ בַּשֵּׁבֶט

וּמֵת תַּחַת יָדוֹ נָקֹם יִנָּקֵם: (כא) אַךְ אִם יוֹם אוֹ יוֹמַיִם יַעֲמֹד לֹא יֻקַּם כִּי כַסְפּוֹ הוּא: ס (כב) וְכִי יִנָּצוּ אֲנָשִׁים
וְנָגְפוּ אִשָּׁה הָרָה וְיָצְאוּ יְלָדֶיהָ וְלֹא יִהְיֶה אָסוֹן עָנוֹשׁ יֵעָנֵשׁ כַּאֲשֶׁר יָשִׁית עָלָיו בַּעַל הָאִשָּׁה וְנָתַן בִּפְלִלִים: (כג)
וְאִם אָסוֹן יִהְיֶה וְנָתַתָּה נֶפֶשׁ תַּחַת נָפֶשׁ: (כד) עַיִן תַּחַת עַיִן שֵׁן תַּחַת שֵׁן יָד תַּחַת יָד רֶגֶל תַּחַת רָגֶל: (כה) כְּוִיָּה
תַּחַת כְּוִיָּה פֶּצַע תַּחַת פָּצַע חַבּוּרָה תַּחַת חַבּוּרָה: ס (כו) וְכִי יַכֶּה אִישׁ אֶת עֵין עַבְדּוֹ אוֹ אֶת עֵין אֲמָתוֹ וְשִׁחֲתָהּ
לַחָפְשִׁי יְשַׁלְּחֶנּוּ תַּחַת עֵינוֹ: ס (כז) וְאִם שֵׁן עַבְדּוֹ אוֹ שֵׁן אֲמָתוֹ יַפִּיל לַחָפְשִׁי יְשַׁלְּחֶנּוּ תַּחַת שִׁנּוֹ: פ (כח) וְכִי יִגַּח
שׁוֹר אֶת אִישׁ אוֹ אֶת אִשָּׁה וָמֵת סָקוֹל יִסָּקֵל הַשּׁוֹר וְלֹא יֵאָכֵל אֶת בְּשָׂרוֹ וּבַעַל הַשּׁוֹר נָקִי: (כט) וְאִם שׁוֹר נַגָּח
הוּא מִתְּמֹל שִׁלְשֹׁם וְהוּעַד בִּבְעָלָיו וְלֹא יִשְׁמְרֶנּוּ וְהֵמִית אִישׁ אוֹ אִשָּׁה הַשּׁוֹר יִסָּקֵל וְגַם בְּעָלָיו יוּמָת: (ל) אִם
כֹּפֶר יוּשַׁת עָלָיו וְנָתַן פִּדְיֹן נַפְשׁוֹ כְּכֹל אֲשֶׁר יוּשַׁת עָלָיו: (לא) אוֹ בֵן יִגָּח אוֹ בַת יִגָּח כַּמִּשְׁפָּט הַזֶּה יֵעָשֶׂה לּוֹ: (לב)
אִם עֶבֶד יִגַּח הַשּׁוֹר אוֹ אָמָה כֶּסֶף שְׁלֹשִׁים שְׁקָלִים יִתֵּן לַאדֹנָיו וְהַשּׁוֹר יִסָּקֵל: ס (לג) וְכִי יִפְתַּח אִישׁ בּוֹר אוֹ כִּי
יִכְרֶה אִישׁ בֹּר וְלֹא יְכַסֶּנּוּ וְנָפַל שָׁמָּה שּׁוֹר אוֹ חֲמוֹר: (לד) בַּעַל הַבּוֹר יְשַׁלֵּם כֶּסֶף יָשִׁיב לִבְעָלָיו וְהַמֵּת יִהְיֶה לּוֹ: ס
(לה) וְכִי יִגֹּף שׁוֹר אִישׁ אֶת שׁוֹר רֵעֵהוּ וָמֵת וּמָכְרוּ אֶת הַשּׁוֹר הַחַי וְחָצוּ אֶת כַּסְפּוֹ וְגַם אֶת הַמֵּת יֶחֱצוּן: (לו) אוֹ
נוֹדַע כִּי שׁוֹר נַגָּח הוּא מִתְּמוֹל שִׁלְשֹׁם וְלֹא יִשְׁמְרֶנּוּ בְּעָלָיו שַׁלֵּם יְשַׁלֵּם שׁוֹר תַּחַת הַשּׁוֹר וְהַמֵּת יִהְיֶה לּוֹ: ס

<u>שמות פרק כב</u>

(ד) כִּי יַבְעֶר אִישׁ שָׂדֶה אוֹ כֶרֶם וְשִׁלַּח אֶת <בעירה> בְּעִירוֹ וּבִעֵר בִּשְׂדֵה אַחֵר מֵיטַב שָׂדֵהוּ וּמֵיטַב כַּרְמוֹ יְשַׁלֵּם:
ס (ה) כִּי תֵצֵא אֵשׁ וּמָצְאָה קֹצִים וְנֶאֱכַל גָּדִישׁ אוֹ הַקָּמָה אוֹ הַשָּׂדֶה שַׁלֵּם יְשַׁלֵּם הַמַּבְעִר אֶת הַבְּעֵרָה: ס

<u>ויקרא פרק כד</u>

(יח) וּמַכֵּה נֶפֶשׁ בְּהֵמָה יְשַׁלְּמֶנָּה נֶפֶשׁ תַּחַת נָפֶשׁ: (יט) וְאִישׁ כִּי יִתֵּן מוּם בַּעֲמִיתוֹ כַּאֲשֶׁר עָשָׂה כֵּן יֵעָשֶׂה לּוֹ: (כ)
שֶׁבֶר תַּחַת שֶׁבֶר עַיִן תַּחַת עַיִן שֵׁן תַּחַת שֵׁן כַּאֲשֶׁר יִתֵּן מוּם בָּאָדָם כֵּן יִנָּתֶן בּוֹ: (כא) וּמַכֵּה בְהֵמָה יְשַׁלְּמֶנָּה וּמַכֵּה
אָדָם יוּמָת: (כב) מִשְׁפַּט אֶחָד יִהְיֶה לָכֶם כַּגֵּר כָּאֶזְרָח יִהְיֶה כִּי אֲנִי יְקֹוָק אֱלֹהֵיכֶם:

<u>ר' חיים הלוי הלכות טוען ונטען פרק ה הלכה ב</u>

וכן החופר בשדה חברו בורות שיחין ומערות והפסידה והרי הוא חייב לשלם בין שטענו שחפר והוא אומר לא חפרתי או שטענו שחפר שתי מערות והוא אומר לא חפרתי אלא אחת או שהיה שם עד אחד שחפר והוא אומר לא חפרתי כלום ה"ז נשבע היסת על הכל עכ"ל.

ובהשגות ז"ל א"א נראין דברים שתבעו למלאת החפירות ולהשוות החצרות אבל אם תבעו לשלם פחתו הרי הוא כשאר תביעת ממון וכמי שאמר לו חבלת בי שנים והוא אומר לא חבלתי אלא אחת עכ"ל, והיינו משום דהראב"ד משוה חבלת אדם לנזקי קרקע דתרווייהו אין על גופן דין שבועה ורק דעל התשלומין חייב לישבע. והנה כבר כתבו המפרשים, דלפי מה שכתב הר"ן בשבועות על הך דר"י דחבלת בי שנים וכו', דלאו דהוי מודה במקצת ממש אלא כעין מודה במקצת, וזה שייך אפילו בקרקעות. אלא דהקצוה"ח הקשה מהא דתנן בשבועות דף ל"ו ע"ב אנסת ופתית את בתי והוא אומר לא אנסתי ולא פתיתי משביעך אני ואמר אמן חייב, והרי פגם היינו נזק, והוי דמי אדם, ומ"מ חייב בקרבן שבועה, ובעל כרחך דדמי קרקע דינם כמטלטלין. ובאמת שמזה קשה למה לא הביא זה הראב"ד, והרי חיוב קרבן שבועה הוי מדאורייתא, ולהדיא תנן במתניתין שם אמר לו חבלת בי ועשית בי חבורה והוא אומר לא חבלתי ולא עשיתי בך חבורה משביעך אני ואמר אמן חייב, ולמה הביא הראב"ד מהך דחבלת בי שנים, דהשבועה אינה אלא מדרבנן, ולא הביא

מהך דחבלת בי דחייב קרבן שבועה מן התורה, והרי קרבן שבועה גם כן ליכא בקרקע, ובעל כרחך דדמי קרקע אינם כקרקע, וצ"ע.

והנראה מזה מבואר, דחלוק דין קרבן שבועה מדין חיוב שבועה, דאע"ג דתרווייהו ליתנייהו בקרקעות, מ"מ לענין דמי קרקע חלוקין הם, דבאמת הרי התשלומין שמתחייב בהם הא הויין מטלטלין, והם ככל מטלטלין דעלמא, והא דפסק הרמב"ם דאין נשבעין על דמי קרקע, בעל כרחך צ"ל דהוא משום, דכיון דהתשלומין הם חליפי הקרקע שהזיקו, ונזק הקרקע הוא עיקר חיובו, וא"כ עיקר חיוב שבועתו הוא רק בנזק הקרקע, וכיון דאין נשבעין על הקרקעות ומיפטר בכפירתו בלא שבועה ממילא ליכא עליה חיוב שבועה גם על התשלומין.

ולפי זה שפיר חלוק בזה חיוב שבועה מקרבן שבועה, דלענין חיוב שבועה צריכין אנו לדון בעיקר והתחלת החיוב אם מתחייב על זה שבועה אם לא, וכן הטענה והכפירה וההודאה הכל ביסוד והתחלת חיובו, ועל כן בדמי קרקע, כיון דעיקר החיוב הוא הפסד הקרקע, והתשלומין הויין חליפי הקרקע, א"כ ממילא דלית ביה בעיקר חיובו דין שבועה, וממילא דאין כאן חיוב שבועה גם על התשלומין, משא"כ לענין קרבן שבועה, דעיקר דין כפירה שבזה הוא מדין גזלת ממון, א"כ אין דינו תלוי כלל ביסוד והתחלת החיוב, ורק בהחיוב תשלומין של עתה היא שחלה כפירתו וגזלתו, וכל שהתשלומין דאית ליה גביה עתה הם מטלטלין, לא אכפת לן כלל בעיקר החיוב מה שהוא, וחייב בקרבן שבועה, ועל כן גם בדמי קרקע, כיון דהתשלומין עצמם חשיבי מטלטלין, על כן שפיר מתחייב בקרבן שבועה. וגם דבעיקר השבועה חלוקין הן זה מזה, דלענין טענות ותביעות הרי דיינינן על חיוב שבועתו, וזה בא על עיקר חיובו והנזק שהזיקו שהוא מקרקעי, משא"כ לענין קרבן שבועה, דלא צריכינן לזה חיוב שבועה, ורק חלות מעשה שבועה, וחלות מעשה השבועה היא על מטלטלין, כיון דהתשלומין הן עתה מטלטלין, ועל כן כל דמי קרקע דינם כמטלטלין לענין קרבן שבועה. אשר על כן להכי הוא שלא הביא הראב"ד כלל מהך דקרבן שבועה, ורק מהך דחבלת בי שנים, דאיירי לענין חיוב שבועה, דמוכח מזה דגם לענין חיוב שבועה דמי קרקע דינם כמטלטלין ונשבעין עליהן, ועל זה הרי יש ליישב לדעת הרמב"ם דהתם הויא שבועה דרבנן, דאיתא גם בקרקעות, וכמו שנתבאר.

אלא דקשה מהא דפסק הרמב"ם בפ"ב מהל' נערה בתולה הי"ג ז"ל אמרה לו אנסת אותי והוא אומר לא כי אלא פתיתי ה"ז נשבע שבועת התורה על דמי הצער ומשלם בושת ופגם עכ"ל, והרי גם תשלומין אלו הן מדין חבלות, ומ"מ פסק הרמב"ם דנשבעין עליהם שבועת התורה, וקשה דהא הויין דמי קרקע דאין נשבעין עליהן לדעת הרמב"ם. אכן נראה, דהנה כל חובל בחברו הרי מתחייב בחמשה דברים, וגם בצער ובושת, והרי צער ובושת לית בהו נזק ממון כלל, ומ"מ מתחייב בתשלומין, אשר זהו רק גזירת הכתוב בחבלות, שיתחייב בתשלומין אף בלא נזק ממון, ולפי זה נראה, דגם בנזק חלוק דין חבלות משאר נזקי ממון, דבשאר נזקי ממון עיקר חיובו הוא הממון עצמו שהפסידו, ומחמת חיוב זה הוא שמתחייב בהתשלומין, שהם חליפי ממונו שהפסיד, דאם לא היה מתחייב בעיקר הממון שהפסיד, לא הוה חייל עליה גם חיוב תשלומין, משא"כ בחבלות, התחלת חיובו הוא בהתשלומין עצמם, דחייבתו התורה מחמת שיווי הנזק מגזירת הכתוב דחבלות, וכחיובא דצער ובושת כן גם חיובא דנזק דחיוב התשלומין הוא התחלת חיובו. והרי כן הוא גם חיובא דשבת, דליכא ג"כ ממון הנפסד, דהא הוי רק מניעת הריוח וגרמא בעלמא דפטור בכל מקום, ורק דבחבלות הויא גזירת הכתוב לחייבו על שויו, אבל מ"מ הרי ודאי דהתחלת החיוב הוא רק על התשלומין, כיון דאין שם ממון הנפסד כלל, וא"כ הכי נמי גם בנזק דכוותיה, דאית ביה גם הך חיובא שחייל מתחלה על התשלומין.

ובאמת דלפי דעת הרמב"ם הדבר פשוט כן כמו שכתבנו, וכמו שפסק בפ"ד מהל' חובל ומזיק הי"ד ז"ל החובל בבת קטנה של אחרים וכו' וכן נזק שאינו פוחתה מכספה הרי הוא שלה עכ"ל, הרי דס"ל דאיכא חיוב נזק אף בלא אפחתיה מכספיה כלל, וכן בפ"ב שם הל"ו ז"ל אפילו חסרו כשערה מעור בשרו חייב בחמשה דברים שהעור אינו חוזר אלא צלקת עכ"ל, ובהך נזק דלא אפחתיה מכספיה הרי פשיטא דתחלת חיובו הוא רק בהתשלומין, דבמה שהזיק הרי ליכא הפסד ממון כלל, וא"כ הרי להדיא דגם בנזק עיקר חיובו הוא בהתשלומין, ולא גרע נזק דאפחתיה מכספיה מנזק דלא אפחתיה, דחל גם על התשלומין בפני עצמו עיקר והתחלת חיוב. אלא דאפילו לדעת המ"מ בפ"ב שם דס"ל דכל דלא אפחתיה מכספיה ליכא נזק כלל, כל זה הוא בליכא חסרון כסף, ואין דבר שיגרום חיובא עליו, אבל בנזק דאפחתיה דאיכא מיהא דבר הגורם להתחייב, שפיר חייל חיובא בנזק דחבלות גם תחלת חיובא על התשלומין, ומשום דלא גרע נזק מצער ושבת, ומשום דכן הוא גזירת הכתוב של חיוב חבלות, וכמו שנתבאר. ואשר על כן לענין הדין דדמי קרקע דדעת הרמב"ם דדינן כקרקע דאין נשבעין עליהן, חלוק דמי קרקע מדין חבלות, דבקרקע דחיובו בא מחמת עצם הממון שהפסידו, על כן התשלומין שהן חליפי עצם הקרקע שהזיק ג"כ דינם כקרקע ואין נשבעין עליהן, וכמו שכתבנו למעלה דכיון דבעיקר החיוב לא חלה עליו שבועה ממילא מיפטר, משא"כ בחבלות, דהתחלת חיובו הם התשלומין גם בלא חיוב עצם הממון שהפסיד, וכמו שכתבנו דשוה חיובא דנזק לחיובא דצער ובושת, ונמצא דגוף החבלה לא חשיבא רק כדבר המביאתו לידי חיוב תשלומין, ובכה"ג לא מהניא מה דליכא חיוב שבועה על עצם הממון שהפסידו, אבל מ"מ התשלומין אינם דמי קרקע ונשבעים עליהם, וניחא השתא הא דפסק הרמב"ם גבי אנסת אותי והוא אומר לא כי אלא פתיתי דנשבע שבועת התורה משום מודה במקצת, וכן הא דהביא הראב"ד מהא דתנן בשבועות דף מ"ד חבלת בי שנים והוא אומר לא חבלתי בך אלא אחת דהוי מודה במקצת, כיון דכבר נתבאר דבחבלות לא הויין התשלומין דמי קרקע ונשבעין עליהן, וכמו שנתבאר.

<u>מסכת בבא קמא דף צא:</u>

ואין אדם רשאי לחבל בעצמו והתניא יכול נשבע להרע בעצמו ולא הרע יהא פטור ת"ל (ויקרא ה') להרע או להטיב מה הטבה רשות אף הרעה רשות אביא נשבע להרע בעצמו ולא הרע אמר שמואל באשב בתענית דכוותה גבי הרעת אחרים להשיבם בתענית אחרים מי מיתיב להו בתעניתא אין דמהדק להו באנדרונא והתניא איזהו הרעת אחרים אכה פלוני ואפצע את מוחו אלא תנאי היא דאיכא למ"ד אין אדם רשאי לחבל בעצמו ואיכא מ"ד אדם רשאי לחבל בעצמו מאן תנא דשמעת ליה דאמר אין אדם רשאי לחבל בעצמו אילימא האי תנא הוא דתניא (בראשית ט') ואך את דמכם לנפשותיכם אדרש ר' אלעזר אומר מיד נפשותיכם אדרש את דמכם ודלמא קטלא שאני אלא האי תנא הוא דתניא מקרעין על המת ולא מדרכי האמורי אמר רבי אלעזר שמעתי שהמקרע על המת יותר מדאי לוקה משום בל תשחית וכ"ש גופו ודלמא בגדים שאני דפסידא דלא הדר הוא כי הא דרבי יוחנן קרי למאני מכבדותא ורב חסדא כד הוה מסגי ביני היזמי והגא מדלי להו למאניה אמר זה מעלה ארוכה וזה אינו מעלה ארוכה אלא האי תנא הוא דתניא אמר ר"א הקפר ברבי מה ת"ל (במדבר ו') וכפר עליו מאשר חטא על הנפש וכי באיזה נפש חטא זה אלא שציער עצמו מן היין והלא דברים ק"ו ומה זה שלא ציער עצמו אלא מן היין נקרא חוטא המצער עצמו מכל דבר על אחת כמה וכמה

רמב"ם הלכות חובל ומזיק פרק ה הלכה א

אסור לאדם לחבול בין בעצמו בין בחבירו, ולא החובל בלבד אלא כל המכה אדם כשר מישראל בין קטן בין גדול בין איש בין אשה דרך נציון הרי זה עובר בלא תעשה, שנ' (דברים כ"ה ג') לא יוסיף להכותו, אם הזהירה תורה שלא להוסיף בהכאת החוטא קל וחומר למכה את הצדיק.

ספר החינוך מצוה מט

שורש מצוה זו, ובכלל כל מה שבא בתורה בענין הדין, איני צריך ליגע אחר טעמו של דבר, כי דבר מושכל הוא, שאם אין משפט לא יתיישבו בני אדם ולא יעמדו יחדיו לעולם, ואי אפשר לארץ בלתי המשפט.

מסכת בבא קמא דף פג:

מתני' החובל בחבירו חייב עליו משום חמשה דברים בנזק בצער בריפוי בשבת ובושת בנזק כיצד סימא את עינו קטע את ידו שיבר את רגלו רואין אותו כאילו הוא עבד נמכר בשוק ושמין כמה היה יפה וכמה הוא יפה צער כואו (או) בשפוד או במסמר ואפילו על ציפורנו מקום שאינו עושה חבורה אומדין כמה אדם כיוצא בזה רוצה ליטול להיות מצטער כך ריפוי הכהו חייב לרפאותו עלה בו צמחים אם מחמת המכה חייב שלא מחמת המכה פטור חייתה ונסתרה חייתה ונסתרה חייב לרפאותו חייתה כל צורכה אינו חייב לרפאותו שבת רואין אותו כאילו הוא שומר קישואין שכבר נתן לו דמי ידו ודמי רגלו בושת הכל לפי המבייש והמתבייש

מסכת בבא קמא דף כג:

מתני' איזהו תם ואיזו מועד מועד כל שהעידו בו שלשה ימים ותם משיחזור בו שלשה ימים דברי ר' יהודה רבי מאיר אומר מועד שהעידו בו שלשה פעמים ותם כל שיהו התינוקות ממשמשין בו ואינו נוגח

3. אדם מועד לעולם (דף כו.-כז.)

יש ללמוד את המשנה בדף כו. ואת הגמרא עד דף כז. שורה 2, או עד שורה 7, או עד סוף הפרק.

<u>תוספות</u> ד"ה האי[1]

<u>תוספות</u> ד"ה ש"מ[2]

<u>תוספות</u> ד"ה בשגגה

<u>תוספות</u> ד"ה נתכוין. ויש לעיין <u>בגמרא</u> בשבת (דף עג.) שהזכירו התוספות.

<u>תוספות</u> ד"ה קדם. יש לבאר את המוסגים של "גרמא" ו"גרמי".[3]

דין אדם מועד לעולם

נחלקו הראשונים אם אדם חייב אפילו על אנוס גמור, או רק נחשב כמועד להתחייב בכעין אבידה, ופטור באנוס כעין גניבה. השיטות הללו מבוארים לקמן בדף כז: בתוספות ד"ה ושמואל.[4]

[1] This תוספות is worthwhile in terms of the ידיעה. It is also provides an opportunity to introduce the כלל of בנין אב and the way that the תלמוד and ראשונים apply it without even mentioning it. The end of the תוספות is a good example of the methodology of comparing different סוגיות and resolving differences between them by distinguishing between different cases. However, this case is very hard to follow and therefore maybe worth skipping.

[2] This תוספות is a bit of a side-point but may be worth teaching in order to demonstrate the interaction between סברא and rules of דרש. Since there is a logic to minimizing the responsibility to pay for damages that occur באונס, the דרש is derived in that way.

[3] Both are indirect damage, but גרמי is more direct, and therefore more likely to be חייב. There are different views in the גמרא about the הלכה of both, and different views among the ראשונים define the exact difference between them.

[4] The conceptual ambiguity seems to be clear – is it that אדם is responsible for his actions even if it was completely out of his control, or is it that a person has much more ability to control his actions than an animal, and is therefore more responsible? If the second is true, then the rule should be limited and should not apply to אונס גמור. This question will come up again later on.

גמרא (דף כו:) – ״נתכוין לזרוק ארבע וזרק שמונה... לענין שבת באומר כל מקום שתרצה תנוח אין, אי לא, לא.״

לכאורה, הפשט הפשוט בגמ׳ הוא שאע״פ שהתכוין לעשות מלאכה, אינו חייב עד שיתכוין לאותה מעשה מלאכה. ואם אמר כל מקום וכו׳ ולא הקפיד על מקום נפילתו, נחשב כנתקיים מחשבתו. ועיין בשבת (דף עב:) ובתוספת (ד״ה נתכוין) שהעירו בזה והוכיחו מכאן שמי שנתכוין לחתוך מחובר זה וחתך מחובר אחר, פטור.

גמרא: ״אמר רבה זרק כלי מראש הגג ובא אחר ושברו במקל פטור, מאי טעמא, מנא תבירא תבר.״

זרק חץ אל הכלי

עיין בקצות החושן (סימן שצ) שדייק ברא״ש (סי׳ ב) שהוא הדין אם זרק חץ אל הכלי ובא אחר ושברה, אך עיין בתוספות (דף יז: ד״ה זרק) שכתב לחלק, וס״ל דלא שייך לומר בכה״ג ״מנא תבירא תבר״.[5]

מהו הדין של הזורק?

עיין בחי׳ הרשב״א (ומובא גם בשמ״ק) שנחלקו הרשב״א והראב״ד אם הזורק חייב בכה״ג, או דכונת רבה לומר ששניהם פטורים, דבסוף הזורק לא שבר. אך אי אמרינן שאזלינן בתר מעיקרא ממש, י״ל שנעשה כשבור מיד ע״י מעשה הזורק, ולכן חייב.[6] (כדי להבין את הראיה של הרשב״א צריכים ללמד את הגמרא בסוף דף יז:)

רש״י (ד״ה זרק) פירש: ״בעל הכלי, כלי מראש הגג״. ולכאורה פירש כן רש״י משום דבלאו הכי צ״ע אמאי לא פירש רבה את הדין של הזורק, אם חייב או לא. ולפי״ז יש לעיין אם נוטים דברי רש״י כדעת הרשב״א או הראב״ד, וצ״ע.

כתב הש״ך שמדובר במקרה שלא הגביה כשזרקו ורק דחפו דאחרת היה חייב הזורק מדין גנבה. ולכאורה נשמר רש״י מזה כשכתב שבעל הבית זרקו (ובמקרה השני של זרק כלי והיה

[5] This is a bit of a side-point. In order to understand the proof of תוספות, students must be familiar with צרורות. It may be worthwhile to teach it through the משנה on דף יז.

[6] The is an important point to teach because it relates to an ambiguity in the גמרא that is readily apparent and students are likely to intuit the question themselves.

שם כרים וכסתות י"ל שאינו מעשה גניבה כיון שלא התכוין לעצמו ולא התכוין להפסידו, וכ"כ החזו"א בסימן ב)

מנא תבירא תבר

עיין בספר בית הלוי עה"ת (פרשת ויצא) שהקש' לפי הטור (חו"מ סי' רס) שפסק שאבידה מדעת הוי הפקר, דאמאי אין השובר פטור משום שנעשה הפקר כבר, דכיון שזרקו מראש הגג ע"כ כבר הפקירו. ותירץ דכיון שרוצה לשברו אינו הפקר, ע"ש. ועיין גם במה שפירש על דרך הדרוש לבאר את התירוץ של רבי יהושע בן חנניה אל המין בגמרא חגיגה (דף ה:).[7]

גמרא (דף כז.): "בא שור וקבלו בקרניו פלוגתא דר' ישמאל בנו של ר' יוחנן בן ברוקא ורבנן, דתניא...דמי ניזק...דמי מזיק וכו'." ועיין ברש"י (ד"ה פלוגתא) דפירש דלמ"ד דמי ניזק, פטור כיון דאין לו שום שויות קודם מיתה. ועי' ברבינו חננאל שפי' להיפך, דלמ"ד דמי ניזק חייב, ולמ"ד דמי מזיק פטור, כיון שאם הוא בעצמו היה עושה כן היה פטור. ועיין בספר רשימות שיעורים (עמ' קפז) שביאר הגרי"ד את סברתם, שנחלקו בגדר הדין של כופר, אם חייב לשלם כדי לפדות את נפשו של המזיק, או שחייב בכעין חיוב תשלומים לשלם בעבור הנזק.

דף כז. – הניח גחלת על לב עבדו

תוספות ד"ה הניח – חלקו על רש"י ד"ה עבדו כגופו שפירש שאינו כפות. ועיין במלחמות שהביא הרמב"ן פירוש אחר, שאינו כפות, ופשיטא שפטור ממיתה שהיה לו לעבד לסלקה, ומסופק רבה אם פטור גם מתשלומין לאדון.

וגם הרמב"ם (פ"ד מהל' חובל ומזיק הל' כ"ב) פירש שאינו כפות. וגם פי' התוס' שלא מת, והרמב"ם כתב שמת, וכן משמע ברש"י. ועיין גם בנמוקי יוסף.

וביתר ביאור בסוגיא, עי' במה שכתבתי בחוברת בית יצחק חלק מ"ג.

[7] He develops a nice idea in השקפה.

מסכת בבא קמא דף כו.-כז.

מתני' אדם מועד לעולם בין שוגג בין מזיד בין ער בין ישן סימא את עין חבירו ושיבר את הכלים משלם נזק שלם

גמ' קתני סימא את עין חבירו דומיא דשיבר את הכלים מה התם נזק אין ארבעה דברים לא אף סימא את עין חבירו נזק אין ארבעה דברים לא **[דף כו:]** מנא הני מילי אמר חזקיה וכן תנא דבי חזקיה אמר קרא (שמות כ"א) פצע תחת פצע לחייבו על השוגג כמזיד ועל האונס כרצון האי מבעי ליה ליתן צער במקום נזק א"כ לכתוב קרא פצע בפצע מאי תחת פצע ש"מ תרתי אמר רבה היתה אבן מונחת לו בחיקו ולא הכיר בה ועמד ונפלה לענין נזקין חייב לענין ארבעה דברים פטור לענין שבת מלאכת מחשבת אסרה תורה לענין גלות פטור לענין עבד פלוגתא דרשב"ג ורבנן דתניא הרי שהיה רבו רופא ואמר לו כחול עיני וסימאה חתור לי שיני והפילה שיחק באדון ויצא לחרות רשב"ג אומר (שמות כ"א) ושיחתה עד שיתכוין לשחתה הכיר בה ושכחה ועמד ונפלה לענין נזקין חייב לענין ד' דברים פטור לענין גלות חייב דאמר קרא (במדבר ל"ה) בשגגה מכלל דהוה ליה ידיעה והא הויא ליה ידיעה לענין שבת פטור לענין עבד פלוגתא דרשב"ג ורבנן נתכוין לזרוק שתים וזרק ארבע לענין נזקין חייב לענין ד' דברים פטור לענין שבת מלאכת מחשבת בעינן לענין גלות (שמות כ"א) אשר לא צדה אמר רחמנא פרט לנתכוין לזרוק שתים וזרק ד' לענין עבד פלוגתא דרשב"ג ורבנן נתכוין לזרוק ארבע וזרק שמנה לענין נזקין חייב לענין ד' דברים פטור לענין שבת באומר כל מקום שתרצה תנוח אין אי לא לא לענין גלות אשר לא צדה פרט לנתכוין לזרוק ארבע וזרק שמנה לענין עבד פלוגתא דרשב"ג ורבנן ואמר רבה זרק כלי מראש הגג ובא אחר ושברו במקל פטור מאי טעמא מנא תבירא תבר ואמר רבה זרק כלי מראש הגג והיו תחתיו כרים או כסתות בא אחר וסלקן או קדם וסלקן פטור מאי טעמא בעידנא דשדייה פסוקי מפסקי גיריה ואמר רבה זרק תינוק מראש הגג ובא אחר וקבלו בסייף פלוגתא דר' יהודה בן בתירא ורבנן דתניא הכוהו עשרה בני אדם בעשרה מקלות בין בבת אחת בין בזה אחר זה כולן **[דף כז.]** פטורין ר' יהודה בן בתירא אומר בזה אחר זה האחרון חייב מפני שקירב מיתתו בא שור וקבלו בקרניו פלוגתא דר' ישמעאל בנו של יוחנן בן ברוקא ורבנן דתניא (שמות כ"א) ונתן פדיון נפשו דמי ניזק ר' ישמעאל בנו של ר' יוחנן בן ברוקא אומר דמי מזיק ואמר רבה נפל מראש הגג ונתקע באשה חייב בד' דברים וביבמתו לא קנה חייב בנזק בצער בריפוי בשבת אבל בשת לא דתנן אינו חייב על הבשת עד שיהא מתכוין ואמר רבה נפל מראש הגג ברוח שאינה מצויה והזיק ובייש חייב על הנזק ופטור בד' דברים ברוח מצויה והזיק ובייש חייב בד' דברים ופטור על הבשת ואם נתהפך חייב אף על הבשת דתניא ממשמע שנאמר (דברים כ"ה) ושלחה ידה איני יודע שהחזיקה מה ת"ל והחזיקה לומר לך כיון שנתכוין להזיק אע"פ שלא נתכוין לבייש ואמר רבה הניח לו גחלת על לבו ומת פטור על בגדו ונשרף חייב אמר רבא תרוייהו תננהי על לבו דתנן כבש עליו לתוך האור או לתוך המים ואינו יכול לעלות משם ומת חייב דחפו לתוך האור או לתוך המים ויכול לעלות משם ומת פטור בגדו דתנן קרע את כסותי שבר את כדי חייב על מנת לפטור פטור בעי רבה הניח גחלת על לב עבדו מהו כגופו דמי או כממונו דמי אם תמצא לומר כגופו דמי שורו מהו הדר פשטה עבדו כגופו שורו כממונו **הדרן עלך כיצד הרגל**

תוספות מסכת בבא קמא דף כו:

האי מיבעי ליה ליתן צער במקום נזק - וריפוי ושבת ובושת כולהו מצער ילפינן דחייב במקום נזק כדמשמע בהחובל (לקמן דף פה.) דאמר תנא וכולן חייבין בתשלומין במקום נזק מנהני מילי אמר רב זביד משמיה

דרבא אמר קרא פצע תחת פצע כו' משמע דכולהו ילפינן מצער ולרב פפא דאמר התם אמר קרא ורפא ירפא ליתן ריפוי במקום נזק כולהו ילפינן מריפוי וא"ת דהכא משמע דצער שלא במקום נזק פשוט טפי דאיצטריך קרא לצער במקום נזק ובפרק החובל (שם:) משמע איפכא דאמר צער שלא במקום נזק דמשלם מאן תנא וי"ל דשלא במקום נזק דלקמן היינו במקום שלא עשה רושם כדקתני כוואו על צפרניו וצער שלא במקום נזק דהכא היינו על בשרו שניכר רישומו ולא אפחתיה מכספיה וצער במקום נזק דהכא כגון קיטע ידו ושיבר רגלו דאפחתיה מכספיה דההוא לא שמעינן ליה לא מחבורה ולא מכווה.

<u>**תוספות מסכת בבא קמא דף כו:**</u>

ש"מ תרתי - וא"ת לעיל אמרינן סימא עינו של חבירו בשוגג או באונס נזק אין ד' דברים לא צער נמי ליחייב דבההוא קרא דמרבינן נזק כתיב נמי צער וי"ל דכל מה דמצינן למיפטר שוגג פטרינן ולכך מוקמינן דהאי קרא דמרבה שוגג דוקא בנזק דאיירי ביה עיקר קרא ולא בצער.

<u>**תוספות מסכת בבא קמא דף כו:**</u>

בשגגה מכלל דה"ל ידיעה - משום דגבי גלות כתיב טובא בשגגה דריש לה דהא גבי חלב אע"ג דכתיב ביה בשגגה לא חיישינן להיתה לו ידיעה ומהאי טעמא נמי ממעטינן בריש אלו הן הגולין (מכות דף ז: ושם ד"ה אלא) אומר מותר מבשגגה לגבי גלות אע"ג דגבי שבת וע"ז כתיב בשגגה ומחייבינן אומר מותר בפרק כלל גדול (שבת דף סח: ושם).

<u>**תוספות מסכת בבא קמא דף כו:**</u>

נתכוין לזרוק שתים וזרק ארבע כו' - לענין שבת פטור ואפילו לאביי דמחייב בפרק כלל גדול (שבת דף עג.) היינו נתכוין לזרוק שתים ונמצאו ארבע דומיא דנתכוין לחתוך התלוש וחתך את המחובר דהיינו שסבור תלוש ונמצא מחובר דאי נתכוין לזה וחתך זה היינו מתעסק כדמוכח בפרק ספק אכל (כריתות דף יט:).

<u>**מסכת שבת דף עג.**</u>

איתמר נתכוון לזרוק שתים וזרק ארבע רבא אמר פטור אביי אמר חייב רבא אמר פטור דלא קמיכוין לזריקה דארבע אביי אמר חייב דהא קמיכוין לזריקה בעלמא כסבור רשות היחיד ונמצאת רשות הרבים רבא אמר פטור ואביי אמר חייב רבא אמר פטור דהא לא מיכוין לזריקה דאיסורא ואביי אמר חייב דהא קא מיכוין לזריקה בעלמא וצריכא דאי אשמעינן קמייתא בההוא קאמר רבא דהא לא קמיכוין לחתיכה דאיסורא אבל נתכוון לזרוק שתים וזרק ארבע דארבע בלא תרתי לא מיזרקא ליה אימא מודה ליה לאביי ואי אשמעינן בהא בהא קאמר רבא דהא לא קמיכוין לזריקה דארבע אבל כסבור רשות היחיד ונמצא רשות הרבים דמכוין לזריקה דארבע אימא מודי ליה לאביי צריכא

<u>**תוספות מסכת בבא קמא דף כו:**</u>

קדם וסילקו - פירש רב אלפס דרבה לטעמיה דלית ליה דינא דגרמי בריש הגוזל קמא (לקמן דף צח.) ולר"י נראה דהא גרמא בניזקין הוא ופטור לכולי עלמא.

<u>מסכת שבת דף עב:</u>

נתכוין להגביה את התלוש וחתך את המחובר פטור לחתוך את התלוש וחתך את המחובר רבא אמר פטור אביי אמר חייב רבא אמר פטור דהא לא נתכוון לחתיכה דאיסורא אביי אמר חייב דהא קמיכוין לחתיכה בעלמא אמר רבא מנא אמינא לה דתניא חומר שבת משאר מצות וחומר שאר מצות משבת חומר שבת משאר מצות שהשבת עשה שתים בהעלם אחד חייב על כל אחת ואחת מה שאין כן בשאר מצות וחומר שאר מצות משבת שבשאר מצות שגג בלא מתכוין חייב מה שאין כן בשבת

<u>תוספות מסכת שבת דף עב:</u>

נתכוין להגביה את התלוש - פירש בקונטרס כגון סכין מוטל בערוגת ירק ונתכוין להגביה וחתך את המחובר א"כ הא דפליגי בנתכוין לחתוך את התלוש וחתך את המחובר היינו לחתוך תלוש וחתך מחובר אחר אבל לחתוך מחובר זה וחתך מחובר אחר משמע דחייב לכ"ע וקשה לר"ת דבסוף פ' ספק אכל (כריתות יט:) אמר שמואל המתעסק בחלבים ועריות חייב שכן נהנה בשבת פטור דמלאכת מחשבת אסרה תורה ומוכח התם דאפילו בנתכוין ללקוט תאנה זו וליקט תאנה אחרת פטר שמואל ולקמן בפרק הזורק (דף צז:) פטר רבא נתכוין לזרוק ארבע וזרק שמנה כי לא אמר כל מקום שתרצה תנוח וכל שכן בנתכוין לזרוק בצד זה וזרק בצד אחר דלא נעשה כלל רצונו או נתכוין לחתוך מחובר זה וחתך מחובר אחר דפטור ונראה לר"ת דהכא מיירי בנתכוין לחתוך תלוש ונמצא שהוא מחובר וחותך מה שהיה מתכוין אלא שלא היה יודע שהיה מחובר ופליגי אביי ורבא בקרא דאשר חטא בה דמוקי ליה רבי אליעזר בפרק ספק אכל (שם יט:) פרט למתעסק והכי איתא התם בהדיא דקאמר עלה לרבא משכחת לה שנתכוין לחתוך את התלוש וחתך את המחובר לאביי שנתכוין להגביה את התלוש כו' ושמואל דפטר מטעם מלאכת מחשבת היינו בנתכוין לחתוך מחובר זה וחתך מחובר אחר דלא נעשה מחשבתו והשתא אתי שפיר דקאמר לקמן דמפרש שגג בלא מתכוין דשאר מצות היכי דמי כגון דסבור שומן הוא ואכלו דהיינו ממש דומיא דשבת לפר"ת.

<u>קצות החושן חושן משפט סימן שצ</u>

(א) ונתגלגל למקום אחר. בפרק כיצד הרגל (ב"ק יז:) בעי רבא דרסה על הכלי ולא שברו ונתגלגל למקום אחר ונשבר מהו, בתר מעיקרא אזלינן וגופיה הוא, או דלמא בתר תבר מנא אזלינן וצרורות נינהו, תיפשוט ליה מדרבה דאמר רבה זרק כלי מראש הגג ובא אחר ושברו במקל פטור דאמרינן מנא תבירא תבר כו'. וכתבו תוס' (ד"ה זרק) ז"ל, ונראה דאם זרק אבן או חץ [על הכלי] ובא אחר ושברו דפשיטא דחייב ולא שייך כאן מנא תבירא תבר, דאי אזלינן נמי הכא בתר מעיקרא לא משכחת בצרורות חצי נזק, וסברא פשוטה היא לחלק בין זורק אבן לזורק כלי עצמו עכ"ל.

אמנם מדברי הרא"ש נראה דגם בזורק חץ אזלינן בתר מעיקרא, שכתב בפרק כיצד הרגל (סי' ב') גבי התיזה ברה"ר והזיקה ברה"י חייב וז"ל, ואע"ג דגבי דרסה על הכלי ונתגלגל למקום אחר ונשבר אסיקנא לעיל כרבה דבתר מעיקרא אזלינן, הכא לא אזלינן בתר מעיקרא אלא אחר המקום שנעשה בו הנזק דגלי קרא ברגל ובער בשדה אחר (שמות כב, ד) והביעור היה בחצר הניזק עכ"ל. ואי נימא לחלק בין זרק חץ לזרק כלי א"כ מאי קשיא ליה מדרבה דהא התם התיזה ברה"ר דאינו אלא צרורות והו"ל זורק חץ, אלא ודאי דהרא"ש אינו מחלק בין זורק חץ לזורק כלי. וכן מוכח מדברי הטור ושו"ע בסימן תי"ח סעיף י' ז"ל, עשה האחד אש ובא אחר והוסיף אם יש במה שעשה הראשון כדי שתגיע למקום שהלכה הראשון חייב ע"ש. ומשמע דאינו חייב

אלא הראשון ולא השני, ואי נימא דזורק חץ ובא השני ושברו השני חייב א"כ באש דהוי נמי משום חציו אמאי אינו חייב השני או עכ"פ יתחייבו שניהם כיון דלא אזלינן בתר מעיקרא בזורק חץ.

ולשיטת תוס' דגבי חץ לא אזלינן בתר מעיקרא א"כ הא דפריך פ"ק דב"ק דף (ה') [ו'] (ע"ב) גבי מרבה בחבילות אי דבלאו איהו נמי אזלא מאי קא עביד, ופירש רש"י (ד"ה מרבה) ובתוס' (ד"ה מאי) דמרבה בחבילות היינו באשו, וכיון דאשו אינו אלא משום חציו לא אזלינן בתר מעיקרא. ואין לומר דהא דאמרינן בזורק חץ ובא אחר ושברו השני חייב היינו דוקא אם בא ושברו בידים אבל אם השני ג"כ זרק חץ הראשון חייב ולא השני, דמאי שנא כיון דלא אזלת בתר מעיקרא בחץ. וכן משמע מדברי הנ"י פרק כיצד הרגל (י, א בדפי הרי"ף) גבי אשו משום חציו ז"ל, ואי קשיא לך א"כ היכי שרינן עם חשיכה להדליק את הנרות כו', לא קשיא שהרי חיובו משום חציו כזורק החץ שבשעה שיצא החץ מתחת ידו באותו שעה נעשה הכל ולא חשבינן ליה מעשה דמכאן ולהבא, דא"כ הו"ל למיפטריה דאנוס הוא כו', וה"נ אם מת קודם שהספיק להדליק את הגדיש ודאי מש[ת]לם ניזק מאחריות נכסיו דהא קרי כאן כי תצא אש (שמות כב, ה) כו', אלא כמאן דאדליק מעיקרא ע"ש. ומשמע מזה דגבי חץ נמי הו"ל כאילו אתעבד מעשה.

ומ"ש תוס' דא"כ לא משכחת צרורות, נראה לענ"ד דאכתי אינו אלא כחו, ואע"ג דכמאן דנשבר דמי כיון דאינו אלא ע"י כחו הלכה דחצי נזק משלם, וכמו בתרנגולים שהזיקו ברוח שבכנפיהם (ב"ק יז, ב) כיון דאינו אלא ע"י כחו חצי נזק משלם.

והא (דאמרינן) [דמקשינן] פרק כיצד הרגל דף כ"ב (ע"א) לריש לקיש דאשו משום ממונו מהא דתנן גמל טעון פשתן כו' האי אש לאו ממונו דבעל הגמל הוא כו' הכא במאי עסקינן במסכסכת כל הבירה ע"ש, וכיון דתיכף מכי אדליק במקצת הו"ל כשרוף כל הבירה וא"כ אמאי נתחייב במסכסכת כיון דכבר נגמר כל ההיזק ואזלינן בתר מעיקרא, והיינו משום דעד כאן לא אזלינן בתר מעיקרא אלא למ"ד אשו משום חציו והו"ל כאילו נגמר כל המעשה וכמ"ש בנ"י, אבל למ"ד אשו משום ממונו והו"ל כאילו ממונו הזיק, בזה ודאי לא אזלינן בתר מעיקרא כמו דלא אזלינן בתר מעיקרא בבור עשרה ובא אחר והשלימו לעשרים דשניהם חייבין (שם נא, א) ואע"ג דהבור כרוי ועומד, וה"ה למ"ד אשו משום ממונו.

והנה בטור כתב בסימן תי"ח (סעיף ז') וז"ל, גמל טעון פשתן ועבר ברה"ר ונכנס פשתנו לתוך חנות של חנוני ודלקה בנרו של חנוני ודלקה כל הבירה בעל הגמל חייב שפשע במה שהרבה משאוי עד שנכנס בתוך החנות, ואם הגמל הולך ומסכסך האש בכל הבירה חייב בכולו נזק שלם, ואם לא סכסך כל הבירה אלא הדליק במקום אחד ומשם נתפשט בכולו חייב על מקום שהדליק נזק שלם ועל השאר חצי נזק עכ"ל. וקשיא לן לפי מ"ש דגבי חץ נמי אזלינן בתר מעיקרא א"כ כיון שהדליק במקצת הבירה הרי הוא כשרוף כולו ואילו בא אחר ושרפו לא היה משלם כלל דאזלינן בתר מעיקרא, וא"כ איהו גופיה כשמסכסך אח"כ כל הבירה הרי כבר הוא מבוער ולא ליחייב ביה נזק שלם וצ"ע:

<u>**תוספות מסכת בבא קמא דף יז:**</u>

זרק כלי מראש הגג כו' - נראה דאם זרק אבן או חץ על הכלי ובא אחר וקדם ושברו דפשיטא דחייב ולא שייך כאן מנא תבירא תבר דאי אזלינן נמי הכא בתר מעיקרא לא משכחת בצרורות ח"נ וסברא פשוטה היא לחלק בין זורק אבן לזורק כלי עצמו.

חידושי הרשב"א מסכת בבא קמא דף יז:

ובא אחר ושברו במקל פטור דאמר ליה מנא תבירא תברי. ודוקא בזורק הכלי בעצמו אבל בזורק אבן על הכלי לשברו וקדם אחר ושברו השני חייב שהראשון לא עשה כלום בכלי עצמו, ותדע לך דאל"כ אין לך צרורות כי אורחייהו דמכיון שהתחילו הצרורות להנתז מתחת הרגל הרי הוא כאלו שבר את הכלי דבתר מעיקרא אזלינן, כן כתבו בתוס'.

חידושי הרשב"א מסכת בבא קמא דף כו:

ואמר רבה זרק כלי מראש הגג ובא אחר ושברו במקל פטור, כלומר השני אבל הראשון חייב דבתר מעיקרא אזלינן וכל שזרקו מראש הגג וראוי לישבר הרי הוא כאלו נשבר, והכין משמע בריש פרקין דבעי רבא דרסה על הכלי ונתגלגל למקום אחר ונשבר מהו בתר מעיקרא אזלינן וגופה הוא כלומר וחייב בכל כאלו שברתו מעיקרא ברגלה או דלמא בתר תבר מנא אזלינן ואמרינן ותפשוט ליה מדרבה דאמר רבה זרק כלי מראש הגג ובא אחר ושברו פטור ופרקינן לרבה פשיטא ליה לרבא מבעיא ליה, אלמא משמע לכאורה דלרבה בתר מעיקרא אזלינן לחייב הראשון כאלו הוא גופיה תבר וכענין שהיינו מחייבין בדרסה על הכלי לכשתמצא לומר דבתר מעיקרא אזלינן, אבל **הראב"ד** ז"ל פירש ששניהם פטורין, שהראשון פטור שאף על פי שאמדוהו לישבר שמא לא הי' נשבר והו"ל כאמדוהו למיתה וחיה שהוא פטור, ושני נמי פטור כיון שאמדוהו למיתה אמרינן מנא תבירא תבר. ולפי פירושו כי פשטינן לעיל גבי בעיא דרבא מדרבה דבתר מעיקרא אזלינן לאו למימרא דבהא דרבה ראשון חייב, אלא דמינה שמעינן דאע"ג דנתגלגל ונשבר לא אזלינן בתר תבר מנא אלא בתר מעיקרא וכיון דנשבר לבסוף מתוך גלגול דריסתו חייב בנזק שלם.

רש"י מסכת בבא קמא דף כו:

זרק - בעל הכלי כלי מראש הגג.

ש"ך חושן משפט סימן שפו

(כ) ולכן אפילו זרק כלי כו' - כלומר כלי של חבירו ונראה לי דזה מיירי שלא הגביה הכלי רק דחפו מן הגג לארץ אבל הגביהו מיגזל גזלי' השבה בעי מיעבד כדלעיל ס"ק ח' וחייב ודוק:

טור חושן משפט סימן רס

המוצא באשפה כלים מכוסים גדולים לא יגע בהן שמדעת הטמינום שם בד"א באשפה שאינה עשויה להפנות כלל אבל אם מתחילה עשויה להפנות המטמין בה דבר אבידה מדעת היא והרי היא של מוצאה

בית הלוי בראשית פרק כח

(י) **ויצא יעקב מבאר שבע וילך חרנה.** וכתב רש"י דלא היה צריך לכתוב רק וילך חרנה רק ללמדך שהיה יציאתו ניכר דיציאת צדיק עשה רושם. עוד י"ל דבכל אדם היוצא ממקום למקום יש בזה אופנים או דעיקר תכליתו היא היציאה ממקום הראשון משום איזו סיבה וע"כ מוכרח הוא לילך למקום אחר אבל עיקר כוונתו ורצונו היא היציאה, או משום דצריך להיות במקום השני וזהו עיקר תכלית כוונתו בההליכה. וביעקב נתלכדו שתי הכוונות. דעיקר כוונתו בהליכתו לקיים מצות כיבוד אב ואם, דרבקה אמרה לו הנה

עשו אחיך מתנחם לך להרגך ועתה כו' קום ברח לך אל לבן, דעיקר כוונתה היה שלא יהיה בבאר שבע מקום שעשו שם והעיקר בזה הוא היציאה. וליצחק לא אמרה כל זאת רק שלא יקח אשה מבנות כנען וצוה לו קום לך פדנה ארם וקח לך אשה מבנות לבן ותכלית ציוויו היה ההליכה לחרן. ויעקב קיים דברי שניהם שהוא היציאה וגם ההליכה לחרן ושניהם היה אצלו לעיקר ותכלית, וזהו שאה"כ בפרשה שלמעלה וישמע יעקב אל אביו ואמו וילך פדנה ארם שנתכוין לקיים דברי שניהם. ומצאתי באוהל יעקב שכתב כעין זה:

ובמדרש רבה (סח יג) איתא ריב"ל פתר קרא בגליות ויצא יעקב מבאר שבע הד"א (ירמיה טו) שלח מעל פני ויצאו, וילך חרנה כמד"א (עיין איכה א) כי ה' הוגה ביום חרון אפו, הרי דמפרש חרנה לשון חרון. וכוונת המדרש דמפרש דכל מה שכתוב ביעקב הוא סימן לבניו בגלותם. דגם בהם היו שני דברים הנ"ל. היציאה והגירוש מארץ ישראל, וההגעה לארץ נכריה לא להם, ושניהם הם בהם לתכלית, וכדמפרש ויצא יעקב כמד"א שלח מעל פני ויצאו, דמשמעות הכתוב דעיקר כוונת הגלות הוא היציאה מארץ ישראל וזהו שאמר ויצאו שלא יהיו כאן. והכוונה בזה דארץ ישראל בקדושתה אינה סובלת עליה עוברי עבירה והיא ארץ אשר ה' דורש אותה מראשית שנה עד אחרית שנה וע"כ כשחטאו שלחם ממנה, וזה לא היה לעונש על חטאם דהרי היה יכול להענישם בעודם יושבים עליה רק היה לטובתם דאם היו עונשים באים לא היה להם תקומה חלילה וע"כ שלחם לחו"ל אשר שם גם אם אינם צדיקים יוכלו להתקיים, ועיין ברמב"ן פרשת בחקותי שכתב דכל הקללות שבתוכה נאמרה רק בהיותם בארץ ישראל ולא בהיותם בחו"ל. ועכ"פ העיקר הוא היציאה. ואמר עוד וילך חרנה ומפרש המדרש לשון חרון אף דגם ההגעה של החרון הוא ג"כ התכלית בזה. וכמו שכתבנו בספר בית הלוי (דרוש ז) על הפסוק (בירמיה ט"ו) כה אמר ה' שלח מעל פני ויצאו והיה כי יאמרו אליך אנה נצא ואמרת להם אשר לחרב לחרב, וביאור הפסוק דבמסכת חגיגה (ה ע"ב) איתא דאחוי ליה ההוא צדוקי לריב"ח עמא דאהדרינהו מריה לאנפיה מיניה אחוי ליה עוד ידו נטויה עלינו, והקשה שם המהרש"א דהרי הך קרא כתיב גבי פורעניות (בישעי' ה ט י) בכל זאת לא שב אפו ועוד ידו נטויה, דהטור כתב בחושן משפט דאבידה מדעת הוא הפקר ואם הניח כיסו ברה"ר נעשה הפקר וכל מי שירצה יכול לזכות בו. וכתבנו לחלק בין מניח כיסו ברה"ר לבעה"ב הזורק כלי מראש גגו דמבואר להדיא במסכת ב"ק (דף כ"ו) דלא נעשה הפקר מדשקיל וטרי שם בבא אחר ושברו אם חייב או לא. והחילוק הוא דבמניח כיסו ברה"ר ולא איכפת ליה כלל מה שיהיה בו הוא דס"ל להטור דהוא הפקר אבל בזורק כליו לשוברם דיש לו בזה כוונה ורצון לשוברו כל זמן שלא נשברו הם שלו עדיין. וזהו דהצדוקי אמר לו עמא דאהדרינהו מריה לאנפיה מיניה דכבר סילק השי"ת רשותו מהם ואינם עוד שלו כלל. רק זה היה אם הקדוש ברוך הוא משלחם מא"י ולא איכפת ליה במה שיעשו הכשדים בהם, והראה לו ריב"ח עוד ידו נטויה עלינו דשלחם לשם בכוונה מיוחדת שיסבלו שם יסורים והוי כמו זורק כליו לשברם דהם שלו עדיין. וזהו שאה"כ שלח מעל פני ויצאו והיה כי יאמרו אליך אנה נצא פי' באיזו בחינה תהיה היציאה ואמרת להם אשר לחרב לחרב שלא תהיו סבורים שאני משלח אתכם ויהיה כפי שיזדמן אם לטוב או למוטב רק שילוחי אתכם לשם הוא לתכלית ורצון לחרב ולרעב דוקא. וזהו שדרש כאן וילך דהליכה לחרון אפו היא ג"כ התכלית בגלות. ועל כוונה זו הולך הפסוק (בירמיה י"ד) המאוס מאסת את יהודה אם בציון געלה נפשך מדוע הכיתנו ואין מרפא, דמהא דהכיתנו מוכח דאינו מאיסה ועדיין הם ברשותו:

<u>מסכת חגיגה דף ה:</u>

רבי יהושע בן חנניה הוה קאי בי קיסר אחוי ליה ההוא מינא עמא דאהדרינהו מריה לאפיה מיניה אחוי ליה ידו נטויה עלינו אמר ליה קיסר לרבי יהושע מאי אחוי לך עמא דאהדרינהו מריה לאפיה מיניה ואנא מחוינא ליה ידו נטויה עלינו אמרו ליה לההוא מינא מאי אחויית ליה עמא דאהדרינהו מריה מיניה ומאי אחוי לך לא ידענא אמרו גברא דלא ידע מאי מחוו ליה במחוג יחוי קמי מלכא אפקוהו וקטלוהו

<u>רש"י מסכת בבא קמא דף כז.</u>

פלוגתא דר' ישמעאל ורבנן - לענין כופר לר' ישמעאל דאמר כופר במזיק שיימינן משלם כופר אבל לרבנן דשיימינן בניזק האי לא הוה ליה דמים ופטור.

<u>רבינו חננאל מסכת בבא קמא דף כז.</u>

בא שור וקיבלו בקרניו והרגו חלוקת ר' ישמעאל בנו של ר' יוחנן בן ברוקא היא. דתניא ונתן פדיון נפשו דמי ניזק. ר' ישמעאל אומר דמי מזיק לרבנן דאמרי דמי ניזק חייב בעל השור בכופר שהרי שורו הרג לר' ישמעאל דאמר דמי מזיק פי' המזיק הוא היה חייב מיתה מפני שלא שמר שורו כאילו הוא הרג ורחמנא חס עליה לשלם כופר לפי שלא עשה מעשה בידים והכא אפילו הוא בעצמו בכי האי גוונא לא היה מתחייב דהא רבנן דפליגי עליה דר' יהודה בן בתירא פטרי ליה וכל שכן על שורו.

<u>תוספות מסכת בבא קמא דף כז.</u>

הניח גחלת על לב עבדו כו' - כשעבד כפות ורבו עומד אצלו איירי כדפרישית לעיל (דף כב: ד"ה והיה) ומיירי שלא מת העבד אלא הוזק ולהכי מספקא ליה שמא לא יחוש הרב לסלקו מפני שישלם לו דמי נזקו.

<u>רש"י מסכת בבא קמא דף כז.</u>

עבדו כגופו דמי - ואם הניח אדם גחלת על לב עבדו פטור שהיה לו לעבד לסלקה.

שורו כממונו - שאין בו דעת לסלקה וחייב.

<u>מלחמת ה' מסכת בבא קמא דף יב. בדפי הרי"ף</u>

ועוד בעי רבה עבדו כגופו דמיא פי' קא מיבעיא ליה לרבה כגון שהעבד כפות והאדון עומד אצלו וכו':

אמר הכותב לא בא לפרש אלא לסתום מאי קא מיבעיא ליה וכי מפני שרבו אצלו אם הרגו אדם אחר אינו נהרג עליו והלא אם רבו הרגו הרי הוא נהרג עליו וכיון דבעיין דרבה בכפות ודאי פטור דקם ליה בדרבה מיניה ואי נמי בשוגג ה"ל חייבי מיתות שוגגין ודבר אחר ופטור ועוד שכתב דסיפא דמתני' דקתני עבד כפות בשאין הרב אצלו ומה צורך לכך אפי' הרב אצלו נמי ההורגו נהרג עליו הלכך פטור על הגדיש משום דקם ליה בדרבה מיניה אבל היה לו לפרשה בנזקין כגון שהעבד כפות והאדון אצלו והוזק העבד מאי מי אמרי' כגופו דמי וכי היכי דהניח לו גחלת על לבו פטור אפי' מנזקים ה"נ גבי עבדו ואף על גב דתנן סימא את עינו חייב שאני הכא דכיון דה"ל לסלקה כמאן דאיהו אזיק אנפשיה ואף על גב דאמר רבא בגדו תנינא קרע את כסותי דמשמע דהניח לו גחלת על בגדו דומיא דקרע את כסותי ה"ק ליה פשיטא לי דמבגדו לא ה"ל לסלקה דעבידי אינשי דלא איכפת להו וכי תימא כיון דלא איכפת ליה ע"מ לפטור הוא ת"ש קרע את כסותי חייב

אבל על לבו אפי' לענין נזקין פטור דודאי דחפו לתוך האור או לתוך המים ויכול לעלות משם והוזק פטור וה"נ הוי לה לסלקה אפי' משום נזקים דלא עבידי אינשי דמזקי גופייהו בידים ועוד דכיון דה"ל לסלקה משום חשש מיתה אפי' הוזק ודאי פטור תדע מדאמר רבא על בגדו ונשרף חייב ואי לא תימא הכי לישמעינן הוזק חייב וכ"ש בגדו ואין זה צריך לפנים ובשורו אפי' מת איבעיא ליה ולא שייכא בעיא דשור ברישא דמתני' דקתני גדי כפות חייב דהתם בשאין האדון אצלו והשתא דפשטיה רבא דשור כממונו מתני' אפי' בשהרב אצלו וכן אפשר למצוא בעיא דרבה בדרך רחוקה בשמת וכגון דנפל גדר שלא מחמת הדליקה והיה לו לגדרו ולא גדרה דליכא קם ליה בדרבה מיניה ובשהעבד כפות והרב אצלו. ויש מי שפירשה בעבד שאין כפות ומת דפטור רוצח ממיתה וחייב בתשלומין משום דא"ל הרב מ"מ את קטלתיה אף על פי שהוא מוחל על גופו לאו כל כמיניה והיינו מתני' דעבד סמוך חייב ואף על העבד קאמר והא מיבעיא ליה לרבה כיון דרבו אצלו היה לו לרבו לסלקה ופי' הראשון הוא נכון:

<u>רמב"ם הלכות חובל ומזיק פרק ד הלכה כב</u>

עבדו של אדם כגופו ובהמתו כממונו, כיצד, הרי שהניח גחלת על לב עבדו של חבירו ומת או שדחפו לים או לאש והוא יכול לעלות משם ולא עלה ומת פטור מן התשלומין, ואם עשה כן לבהמת חבירו חייב וכאילו הניח הגחלת על בגדו ונשרף שהוא חייב לשלם, וכן כל כיוצא בזה. **השגת הראב"ד** הרי שהניח גחלת על לב עבדו. א"א כפות. **השגת הראב"ד:** של חבירו. א"א בפני חבירו.

<u>נימוקי יוסף מסכת בבא קמא דף יא-יב. בדפי הרי"ף</u>

על לבו פטור. שהיה לו לסלקה שאין דרך העולם למסור נפשם למיתה כדי לחייב אחרים הלכך איהו אפסיד אנפשיה: **על בגדו חייב.** דהא אפילו א"ל סתמא קרע כסותי וקרעו חייב כל היכא דלא אמר לו בפי' ע"מ לפטור וטעמא

דף יב. דמידי דתשלומין לא איכפת ליה דניחא ליה דלקנסיה למזיק: **עבדו כגופו דמי.** אי בעבד כפות מיירי ודאי לאו לענין מיתה בעי דפשיטא שההורג עבד חייב ואף על פי שאדוניו לפניו שיכול לסלקה אלא לענין נזקין בעי וכגון שאדוניו לפניו שיכול לסלקה ואי בעבד שאינו כפות פשיטא דלענין מיתה פטור שהעבד עצמו היה לו לסלקה אלא לענין נזקין לשלם בעי כיון דמצי העבד לסלקה לאו גיריה דמזיק נינהו או דילמא כבגדו שהוא ממונו דמי וחייב לשלם: **שורו מאי.** כיון דלאו בר דעת הוא כבגדו דמי וחייב או דלמא כיון דבעל חי ארגיש וכגופו דמי ופטור: **הדר פשטה עבדו כגופו.** ופטור וה"מ בגדול אבל בקטן דלאו בר דעת הוא הוה ליה כשורו שהוא חייב דכממונו הוא:

<u>חוברת בית יצחק (מג) "בענין הניח גחלת על לב עבדו", חיים שיוביץ</u>

א. איתא בסוף פרק כיצד הרגל (כז) "ואמר רבה הניח לו גחלת על לבו ומת פטור. על בגדו ונשרף חייב. אמר רבא תרוייהו תנהי, על לבו דתנן כבש עליו לתוך האור או לתוך המים ואינו יכול לעלות משם ומת חייב. דחפו לתוך האור או לתוך המים ויכול לעלות משם ומת פטור. בגדו דתנן, קרע את כסותי שבר את כדי חייב, על מנת לפטור, פטור. בעי רבה, הניח גחלת על לב עבדו מהו- כגופו דמי או כממונו דמי? אם תמצא לומר כגופו דמי, שורו מהו? הדר פשטה עבדו כגופו שורו כממונו, ע"כ.

בכה"ג שהניח גחלת על לבו ומת, שפטור, פירש רש"י (ד"ה על לבו ומת פטור) "שהיה לו לסלקה" ובמקרה שהניחו על בגדו פירש רש"י וז"ל "דהא דלא סלקה סבר אתבעייניה ליה בדינא ויפרע לי. ופי' רש"י הכי דלכן דומה למשנה של מי שדחפו לתוך האור או לתוך המים ויכול לעלות משם ומת, שפטור משום שיכול לעלות משם. ומבואר להדיא בגמרא ששייך פטור זה בין לענין מיתה ובין לענין נזיקין. ויש לדקדק אמאי פטור הראשון משום שהשני היה לו לסלקה או לעלות משם, והרי מ"מ המיתו או הזיקתו. ועיין בחזון איש (סי' ח ס"ק ט) שהסתפק אם פטור משום אונס או משום שאין בו שם מזיק, אך לא האריך בדבר.

והנה, בביאור המקרה של הניח גחלת על לב עבדו ישנם לפחות ג פירושים בראשונים:

תוספות (כז. ד"ה הניח) מפרשים שמדובר בעבד כפות ורבו עומד אצלו, ולא מת העבד אלא הוזק, ומסתפקת הגמ' אם חשוב כממונו שלא יחוש הרב לסלקו מפני שישלם לו דמי נזקו.

בבעל המאור כתב כתוס' שהעבד כפות, אך משמע שפירש כבה"ג שמת העבד, והשיג הרמב"ן במלחמות ה' שא"כ בודאי פטור מלשלם נזיקין לאדון משום דקם ליה בדרבה מיניה, וגם פשיטא שחייב מיתה, דאטו משום שרבו אצלו אם הרגו אדם אחר אינו נהרג עליו? ולכן פירש הרמב"ן כתוספות, דמדובר בכה"ג שלא מת, ובעי רבא אם חייב נזיקין לאדון.

אח"ז כתב הרמב"ן שיש מי שפירשה בעבד שאין כפות ומת דפטור רוצח ממיתה וחייב בתשלומין משום דא"ל הרב מ"מ את קטלתיה, אע"פ שהוא מוחל על גופו לאו כל כמיניה וכו' (וכן פירש רבינו חננאל). וסיים הרמב"ן שפי' הראשון הוא הנכון.

ולא ביאר הרמב"ן אמאי עדיף ליה פירוש הראשון, וצ"ע בזה שהרי אדרבה, עדיף לפרש את הגמרא בפשיטות בלי לאוקמא בדוחק בעבד כפות. ונראה שתוספות לא פירשו הכי שאם יש לפוטרו ממיתת העבד משום שהיה לו לעבד לסלקו, יש לפוטרו גם מנזיקין מאותו טעם. שיטה זו מבוססת על הנחה שהפטור הוא מצד אונס, ואם נחשב כאונס לגבי מיתה משום שסבר שהעבד יסלק אותו, הוי אונס גם לגבי נזיקין. ובזה אזלי התוספות לפי שיטתם שיש פטור מנזיקין באונס (כעין גניבה) וכמו שכתבו לקמן (כז: ד"ה ושמואל).

אבל הרמב"ן (והשיטה שהביא הרמב"ן) ס"ל שאין פטור של אונס בנזיקין, וכאן הפטור הוא משום שהניזק הזיק בעצמו. והרמב"ן הלך בזה לפי שיטתו (בבא מציעא דף פב) שחלק שם על התוס', ודחה את כל הראיות של תוספות, ופירש בהן שפטור רק משום שהניזק הזיק בעצמו. וכאן נמי כתב הרמב"ן הכי וז"ל: וכאן נמי דכיון דה"ל לסלקה כמאן דאיהו אזיק אנפשיה, ע"כ. ולפי זה אפשר לפרש שאין העבד כפות ופטור ממיתת העבד משום שהוא המית את עצמו, אבל "לאו כל המיניה" לפוטרו מנזקו לאדון, ואין לומר שהאדון הזיק את עצמו אלא אם נאמר שעבדו כגופו, והיינו ספיקת רבה. והרמב"ן בעצמו סבר שאפשר לפרש הכי אלא דעדיף ליה פירוש הראשון (כתוספות), וצ"ע אמאי לא ס"ל כפירוש זה. ואולי הסתפק הרמב"ן אם י"ל כאן שפטור מנזיקין משום קם ליה בדרבה מיניה כחייבי מיתות שוגגין שפטורין מממון, או שנאמר שאין כאן שום מעשה רציחה משום שהעבד ממש המית את עצמו.

ב. ובשיטת בעל המאור הנ"ל, השיג הרמב"ן שאם העבד כפות ומת, שלא יתכן לפוטרו משום שהיה לו לרבו להצילו, שהרי אם הרב הרגו נהרג עליו. ונראה שאם סובר בעל המאור כתוס', שהפטור כאן הוא מצד אונס, מובן שפיר בענין הניח גחלת על לב עבדו שיש לפוטרו שאנוס הוא, שאם עבדו כגופו, אז כו"ע סוברים שלא ימות שודאי יסיר האדון את הגחלת. אך הרמב"ן השיג לפי שיטתו, שאין כאן פטור אונס אלא שהניזק הוא המזיק ובזה אין לאדון שום זכות לפטור אחר ממיתה, שהרי אם האדון הרגו, הוא נהרג עליו.

ג. ודרך אגב יש לדקדק שיוצא שסובר הרמב"ן שאף לענין רוצח אין פטור אונס, ולפי בעל המאור אונס פטור לפי מה דקי"ל עבדו כגופו. ולכאורה היינו משום שהרמב"ן סובר לא רק שאין פטור אונס בנזיקין, אלא גם סובר שאין זה אנוס, שהרי פעל ברצון גמור. ואע"פ שטעה וסבר שהאדון יסיר את הגחלת, טעות אינו אנוס, וכיון שהתכוין למעשה שעשה, חייב. ובזה הלכו התוספות לשיטתם, דבאופן זה חשיב אונס, לקמן (דף נו. ד"ה אלא) שכתבו שאם אמר למישהו (ולא שכרו) להעיד בשקר, פטור אף מדיני שמים, משום שסבר שלא ישמע לו. ועיין בש"ך (חו"מ לב:ג) שכתב להוכיח שחייב בדיני שמים. ולכאורה י"ל שכוונת הש"ך היא שטעות אינו נחשב כאונס.

ד. ובעיקר מחלוקת הראשונים אם יש פטור אונס בנזיקין, נראה לפום ריהטא שתוס' ס"ל שהמחייב בנזיקין (לפחות באדם המזיק) הוא כעין עונש על שעבר והזיק או שעבר ולא שמר את עצמו מלהזיק, ולכן ע"כ יש לפטורו באונס גמור שהרי כלל גדול הוא בכל התורה שאנוס רחמנא פטריה. אך י"ל שהרמב"ן סובר שאין זה כעונש אלא חיוב אחריות על נזקי גופו, ולכן אין פטור אונס. ולפי הרמב"ן, אינו פטור אלא אם י"לשאינו מזיק, כגון אם הזיק בעצמו, וצ"ע בזה.

ובדרך זה יש לחקור גם בד' דברים שפטורים מדיני אדם וחייבים בדיני שמים (ב"ק נה:) אם חייב בדיני שמים מצד עונש או משום שצריך להשלים את ההפסד. ועיין בש"ך (הנ"ל) שכתב על פי הריטב"א שאם שלח את הבעירה ביד פיקח, המשלח חייב בדיני שמים אבל פטור בדיני אדם משום שהפיקח כבר שילם. אבל עיין בפני יהושע (ב"ק נו.) בתוד"ה אלא (שכתב על פי שיטת התוס' שאם חייב בדיני שמים, חייב אף אם שילם מישהו אחר, דמ"מ איסורא דעבד עבד (ויוצאין לפי"ז דברי התוספות לפי שיטתם, דתשלומי אדם המזיק יש בהם משום עונש.)

פרק ג' – פרק המניח

4. אין הולכין בממון אחר הרוב (דף כז.-כז:)

יש ללמוד את הגמ' בדף כז. שורה 29 עד דף כז: שורה 1.[1]

בגמרא: "למאי נפקא מינה למקח וממכר" – עיין בחידושי הרשב"א שביאר שקושית הגמרא אינה על המשנה, אלא על דיוק הגמרא, והתנא לא כתב כן ללמד את הדין הזה, אלא התנא לא דק, דהיינו כד היינו חבית.[2] והביא הרשב"א את הרבינו חננאל שמשמע שהסכים עם רשב"א.

רש"י ד"ה למקח וממכר. פירש רש"י ששניהם הם אותו הדבר, אלא דחבית הוא גדול יותר, וכ"כ המאירי ועוד.

[1] Although a teacher of a regular class might consider skipping this סוגיא, as it is a bit abstract and unrelated to the rest of the פרק, this is a very valuable סוגיא for an advanced class. It provides exposure to many important principles – רוב, דאיתא קמן, ליתא קמן, חזקה, ממון, איסור, וכו'. It is also an opportunity to demonstrate how to learn a "*shas*-topic" and to see how different ראשונים deal with differences between the ways a particular topic is presented in different places in ש"ס.

[2] This is an important source that is very accessible to students. It addresses the פשט of the גמרא and it highlights the historical development of the הלכה in the גמרא. This provides an opportunity to focus on the importance of the difference between sources in משנה vs. גמרא. Moreover, according to the רשב"א, it is understandable that another גמרא can argue with our גמרא. This is how the אבן העזל understands the רמב"ם, as will be described later in the סוגיא. Similarly, while according to רש"י, Rav would argue with our גמרא, as we follow Shmuel, תוספות and שיטה מקובצת maintain that our *gemara* agrees with Rav as well, and they therefore do not have to agree with this רשב"א. These sources are all explained below.

יש לבאר את הכלל שהולכין אחר הרוב באיסורים. ועיין בגמרא בחולין (דף יא.–יב.) – "מנא הא מילתא דאמור רבנן זיל בתר רובא" (יא. שורה 2) עד "אלא...היכא דאפשר אפשר, היכא דלא אפשר לא אפשר" (יב. שורה 4).[3]

גמרא: "נפקא מינה למקח וממכר" – יש אומרים שבענין הלשון, הכל הולך אחר לשון בני אדם לפי אותו המקום והזמן. וע' ברמב"ם (פרק כו מהל' מכירה הלכה ח): "וזה עיקר גדול – בכל דברי משא ומתן הולכין אחר לשון בני אדם באותו המקום ואחר המנהג, אבל מקום שאין ידוע בו מנהג ולא שמות מיוחדין אלא יש קורין כך ויש שקורין כך עושים כמו שפירשו חכמים בפרקים אלו." וכן כתב (שם כח:טו): "וכן כל הדברים האלו במקום שאין שם מנהג כמו שביארנו, אבל במקום שיש שם מנהג הלך אחר המנהג ואחר לשון רוב אנשי המקום הידועים להן."

אך יש להקשות שדברי הרמב"ם סותרים את מסקנת הגמרא שלנו, שכתב הרמב"ם שהולכים אחר לשון **רוב בני אדם** לענין זה, ובגמרא כאן אמרינן **שאין** הולכין אחר הרוב. ועיין באבן העזל (פרק כח מהל' מכירה הלכה טו) שהעיר במה שלא הביא הרמב"ם את הסוגיה שלנו להלכה, וכתב שלפי הרמב"ם נסתר סוגיתנו מהסוגיה של מכר את הצמד לא מכר את הבקר, ואפילו במקום שקרו מקצתן וכו' (בבא בתרא עז:, רמב"ם כז:ב). וחילק שלענין לשון בני אדם הרוב קובע, ורק לענין כוונת הלוקח (במוכר שור ונמצא נגחן) לא אזלינן בתר רובא לפי שמואל.[4]

סתירה הנ"ל בדברי הרמב"ם בעצם סתירה בגמרא, שמבואר בבבא בתרא שהולכים אחר הרוב וקי"ל כשמואל שאין הולכין בממון אחר הרוב. אך התוספות (בבא קמא דף מו. ד"ה ונחזי וב"ב דף צב: ד"ה וניחזי) תירצו בענין אחר, שהולכים אחרי הרוב אם הדמים מסייעים לרוב. אך הוכיח האבן העזל שלא ס"ל להרמב"ם כן.[5]

[3] This גמרא is important because it exposes the students to the ways that רוב works in ש"ס and it also introduces the terms רובא דאיתא קמן and רובא דליתא קמן. This is also necessary in order to understand the תוספות ד"ה קמ"ל on דף כז:.

[4] This analysis is engaging and the explanation of the רמב"ם is rather compelling.

[5] This is a typical example of different ways to approach conflicts in different places in ש"ס, and these are also typical resolutions in the approaches of תוספות and רמב"ם.

תוספות ד"ה המניח. יש ללמוד את תחילת התוספות שמבאר את פשט הגמ'. אחרי זה כתבו לישב את הגמרא עם שיטת רב. דברי התוספות אינם כל כך ברורים, ואולי יש לדלג.

[ועי' בתוספות רעק"א שהבין שכונת התוס' היא לחלק ולומר דמודה רב שלא אזלינן בתר רובא היכא דהוי ברי ושמא, ולפי זה הביא ראיות כנגד התוס' והשאיר בצע"ג. ועי' גם ברש"ש במה שהקשה על התוספות, ונראה ליישב את ב' הקושית ולבאר את כונת התוספות בענין אחר. ונראה שכונתם דלענין לשון בני אדם לא אזלינן בתר רובא, שכל אחד יכול לדבר לפי מנהג, ואינו מחויב לדבר לפי הרוב, ובלבד שיש מיעוט שמדברים הכי. ובין המוכר ובין הלוקח יכול לטעון שכך היתה כונתי, ואין מוצאין מהם על פי הרוב. ולקמן שאמר רב דאזלינן בתר רובא היינו דכיון שרוב לוקחי שורים לרדיה, אין הלוקח חייב לפרש את כונתו, ואם אינו ראוי לתשמיש הרוב, חייב המוכר לפרש. והיינו כעין החילוק של האבן העזל הנ"ל.]

עיין בשיטה מקובצת שכתב ליישב את הסוגיה שלנו עם רב בדרך פשוט – שהרוב שם יותר חזק מכאן.

ועיין ברש"י (כז: ד"ה אין) שכתב שהרוב כאן דומה לרוב שם.[6]

דמים מוכיחים

הקשו הראשונים אמאי אין הדמים מוכיחים, ויש להזכיר את התירוצים לזה (אילו מהמקורות עצמם או בחוץ):

1. תירצו התוספות (ד"ה המניח) שמיירי בכה"ג שקרובים דמי הכד לדמי החבית.
2. מדובר בכה"ג שמכר כדים או חביות שוה מאתים זוז. וכ"כ השימ"ק.
3. י"ל שאין הדמים ראיה, וקי"ל בזה כחכמים דר' יהודה במשנה בבבא בתרא הנ"ל. ונראה שזהי שיטת הרמב"ם, אבל התוס' ועוד ראשונים סוברים שאנן קי"ל שהדמים מוכיחים אם הרוב מסייע. וראיה לתוספות מסתמא דגמרא בב"ק (דף מו). (ובעוד מקומות) ששואלת הגמרא – וניחזי אי דמי וכו'. ועיין ברמב"ם (פט"ז מהל' מכירה

[6] This highlights methodologies in comparing different סוגיות. The אבן העזל will show that according to the רמב"ם, our גמרא is not comparable to the case of Rav, but for a different reason.

ה"ה) שמשמע שלא פסק כן, שלא הזכיר תירוץ הגמרא שמדובר בבה"ג דאוקיר בשרא. ועיין באבן העזל הנ"ל שגם הוכיח בענין אחר שפסק הרמב"ם שאין הדמים ראיה בכלל.

דף כז:

תוספות ד"ה קמ"ל. לכאורה כונת התוס' היא שאין מוציאין את הממון ע"י הרוב דיינים, אלא שרוב דיינים קובעים את פסק ההלכה של הבית דין, ואז הבית דין מוציא את הממון. יש לעיין בגמרא בסנהדרין (בדף ג: ודף סט.). וכ"כ הגר"ח (ב"ד כז).

מסכת בבא קמא דף כז.-כז:

מתני' המניח את הכד ברה"ר ובא אחר ונתקל בה ושברה פטור ואם הוזק בה בעל החבית חייב בנזקו **גמ'** פתח בכד וסיים בחבית ותנן נמי זה בא בחביתו וזה בא בקורתו נשברה כדו של זה בקורתו של זה פטור פתח בחבית וסיים בכד ותנן נמי זה בא בחביתו של יין וזה בא בכדו של דבש נסדקה חבית של דבש ושפך זה יינו והציל את הדבש לתוכו אין לו אלא שכרו פתח בכד וסיים בחבית אמר רב פפא היינו כד היינו חבית למאי נפקא מינה למקח וממכר היכי דמי אילימא באתרא דכדא לא קרו חבית וחבית לא קרו כדא הא לא קרו לה לא צריכא דרובא קרו לה לכדא כדא ולחביתא חביתא ואיכא נמי דקרו לחביתא כדא ולכדא חביתא מהו דתימא זיל בתר רובא **[דף כז:]** קמ"ל דאין הולכין בממון אחר הרוב

חידושי הרשב"א מסכת בבא קמא דף כז.

למאי נפקא מינה למקח וממכר. ק"ל ולאשמועינן האי דינא למה לי כל הני מתניתין לישמועינן חדא זמנא, ומסתברא דמתני' לאו לאשמועינן האי דינא אתא אלא תנא כי אורחיה תני להו משום דהיינו כד היינו חבית וכי קאמר מאי נ"מ אדיוקא דגמרא דקא דייק עלה קא מהדר מאי נ"מ מהאי דיוקא, וכן נמי משמע מלשון ר"ח שכתב למאי נ"מ כלומר מה צורך לדקדק בזה עכ"ל הרב ז"ל.

רבינו חננאל מסכת בבא קמא דף כז.-כז:

המניח את הכד ברשות הרבים ובא אחר ונתקל בה ושברה פטור ואם הוזק בה בעל החבית חייב. פתח בכד וסיים בחבית. אמר רב פפא כד וחבית אחד הוא למאי נפקא מינה כלומר מה צורך לדקדק בזה ואמר למקח וממכר. קיימא לן כי הכד הוא פחות מן החבית שהכד שואבין בו מים מן המעיין כדכתיב וכדה על שכמה והחבית גדולה ממנה ואם אמר אדם לחבירו חבית אני מוכר לך ורוב אותו המקום קורין לגדולה חבית ולפחותה ממנה כד ומיעוטא קרו נמי לחביתא כדא ולכדא חביתא. והמוכר אומר כדא מכרתי לך והלוקח אומר חבית קניתי ממך מהו דתימא זיל בתר רובא ורובא **[דף כז:]** לא קרו לכדא חביתא קמ"ל כד היינו חבית ולא אזלינן בממון אחר הרוב והדין עם הנתבע ועל התובע להביא ראיה וכן הדין:

רש"י מסכת בבא קמא דף כז.

למקח וממכר - שביד המוכר לתת לו איזה שירצה ואפילו התנה עמו חבית דמשמע גדולה נותן לו כד שהיא קטנה.

בית הבחירה למאירי מסכת בבא קמא דף כז.

הכד והחבית שתיהן כלי אחד הן אלא שהחבית גדולה מן הכד כמו שאמרו במסכת יום טוב ט"ו ב' הללו בעלי חביות הללו בעלי כדין מי שמכר לחברו חבית והיה מוסר לו כד אם היה הדבר ידוע שאין אדם קורא לחבית כד ולכד חבית אינו רשאי לפטור עצמו בכד אבל אם היו מקצת בני אדם קורין לחבית כד ולכד חבית אף על פי שאין רוב בני אדם עושין כך רשאי לפטור את עצמו בכד כלל גדול אמרו בדין המוציא מחברו עליו הראיה ואין הולכין בממון אחר לשון רוב בני אדם להוציא ממון וכן בכל כיוצא בזה:

<u>תלמוד בבלי מסכת חולין דף יא.</u>

מנא הא מילתא דאמור רבנן זיל בתר רובא מנלן דכתיב (שמות כ"ג) אחרי רבים להטות רובא דאיתא קמן כגון ט' חנויות וסנהדרין לא קא מיבעיא לן כי קא מיבעיא לן רובא דליתיה קמן כגון קטן וקטנה מנלן ...

<u>רמב"ם הלכות מכירה פרק כו הלכה ח</u>

וזה עיקר גדול בכל דברי משא ומתן הולכין אחר לשון בני אדם באותו המקום ואחר המנהג, אבל מקום שאין ידוע בו מנהג ולא שמות מיוחדין אלא יש קורין כך ויש שקורין כך עושים כמו שפירשו חכמים בפרקים אלו.

<u>רמב"ם הלכות מכירה פרק כח הלכה טו</u>

וכן כל הדברים האלו במקום שאין שם מנהג כמו שביארנו אבל במקום שיש מנהג הלך אחר המנהג ואחר לשון רוב אנשי המקום הידועים להן.

<u>אבן האזל הלכות מכירה פרק כח הלכה טו</u>

וכן כל הדברים האלו במקום שאין שם מנהג כמו שבארנו אבל במקום שיש שם מנהג הלך אחר המנהג ואחר לשון רוב אנשי המקום הידועים להן.

מש"כ הרמב"ם ואחר לשון רוב אנשי המקום תמה הגאון ר' אלעזר משה זצ"ל מפינסק הובא בס' מלבושי יום טוב ח"ב סי' ו' דהא לא אזלינן בממונא בתר רובא, והנה בפכ"ז הל' ב' כתב הרמב"ם מכר את הצמד לא מכר את הבקר, מכר את הבקר לא מכר את הצמד אפי' במקום שקורין מקצתן לצמד בקר, וכתב ע"ז המ"מ ומש"כ ואפי' במקום שקורין מקצתן מבואר בגמ' כיון שאינן כולן או רובן קורין כן אינו מכור מוכח להדיא דאם רובן קורין כך מכור, איברא דלשון זה איתא בגמ' דאמר שם ואיכא נמי דקרו לצמד בקר, ומוכח דאם רובא קרו נמי מהני אכן כבר ביארו זה בתוס' בדף צ"ב דאף דלא קיי"ל הדמים מודיעים מ"מ היכי דרובא מסייע מהני, וכן כתב כאן הרמ"ה בחידושיו ומ"מ בדברי הרמב"ם א"א לומר כן דהרמב"ם שינה מלשון הגמ' וכתב הא דאפי' במקום שקורין מקצתן אסיפא על מכר את הבקר לא מכר את הצמד, ובזה ודאי לא שייך הדמים מודיעים דדמי הצמד בודאי פחותים ואינם ניכרין בשומת הבקר, ואפשר דבכונה שינה להודיענו דמה דנדייק מד' הגמ' דרובא מהני אינו משום הדמים מודיעים, וכן מדברי המ"מ מוכח להדיא דבלא הודעת דמים מהני רובא.

שוב ראיתי דהרמב"ם השמיט הסוגיא דריש המניח בהא דכדא וחביתא, וגם הרי"ף השמיט הסוגיא ובעל השלמה הביאה, ונראה דסוברים דמהך סוגיא דצמד ובקר מוכח דבענין הלשון לכו"ע אזלינן בתר רובא דהרוב קובע הלשון לכל העולם דהכל יודעים ואפי' המיעוט איך שהרוב קוראים, ודוקא בהא דלרדיא ולשחיטה דתלוי באדם למה הוא קונה, בזה אין הולכין אחר הרוב, והשמיטו הסוגיא דכדא וחביתא דהך סוגיא דהיא בדוכתא בדיני מכירה עדיפא כידוע דרך הראשונים בדרכי ההלכה.

/השמטות ומילואים/ לעיל כתבתי דלענין הלשון לכו"ע אזלינן בתר רובא דהרוב קובע הלשון לכל העולם והכל יודעים איך הרוב קוראין לזה, והערני הרב ר' נטע פריינד מהא דכ' הלח"מ בפ"ט מנדרים הל' ה' על מש"כ הרמב"ם כיצד נדר מן השמן במקום שמסתפקין בשמן זית ובשמן שומשמין ורוב אנשי המקום אין קורין שמן סתם אלא לשמן זית וכו' והקשה הלח"מ דהא בכל התורה כולה אזלינן בתר רובא באיסורא

ומ"ש הכא ותירץ דאה"נ דאם לא היה אפשר לפרש רק משמעות אחת היינו הולכין אחר הרוב והכא שאפשר לפרש שתי המשמעות נעשה הלשון הסתמיי כולל הכל כיון דהוי מילתא דאיסורא, ונראה דיש לחלק בין הלכות מכירה להלכות נדרים דבדין מכירה שאנו דנין בין אדם לחברו אנו הולכין אחר הלשון שהרוב קוראין ואנו צריכים לפרש כן הלשון של המוכר אבל גבי נדרים שאנו דנין רק לגבי הנודר ואם היה מפרש דבריו איך כונתו הא תנן פירושם להקל ואנו דנין היכי שנדר בסתם בזה אמרינן כיון דעכ"פ יש מיעוט שקוראין גם לשמן שומשמין שמן סתם בזה לא מוכרח שודאי לא היה כונתו על שמן שומשמין דשמא היה כונתו גם על מה שהמיעוט קוראין שמן ואפשר הוא מהמיעוט ולכן הוא אסור מספק. [ע"כ]

מסכת בבא בתרא דף עז:

מתני' מכר את הקרון לא מכר את הפרדות מכר את הפרדות לא מכר את הקרון מכר את הצמד לא מכר את הבקר מכר את הבקר לא מכר את הצמד ר' יהודה אומר הדמים מודיעין כיצד אמר לו מכור לי צימדך במאתים זוז הדבר ידוע שאין הצמד במאתים זוז וחכמים אומרים אין הדמים ראיה

גמ' תני רב תחליפא בר מערבא קמיה דרבי אבהו מכר את הקרון מכר את הפרדות והא אנן לא מכר תנן אמר ליה איסמייה אמר ליה לא תיתרגם מתניתיך באדוקין בו

מכר את הצמד לא מכר את הבקר וכו' היכי דמי אילימא דקרו לצימדא צימדא ולבקר בקר פשיטא צימדא זבין ליה בקר לא זבין ליה ואלא דקרו ליה נמי לבקר צימדא כוליה זבין ליה לא צריכא באתרא דקרו ליה לצימדא צימדא ולבקר בקר ואיכא נמי דקרו לבקר צימדא ר' יהודה סבר הדמים מודיעין ורבנן סברי אין הדמים ראיה

רמב"ם הלכות מכירה פרק כז הלכה ב

המוכר את הקרון לא מכר את הפרדות בזמן שאינן קשורות עמו, מכר את הפרדות לא מכר את הקרון, מכר את הצמד לא מכר את הבקר, מכר את הבקר לא מכר את הצמד, ואפילו במקום שקורין מקצתן לצמד בקר.

מסכת בבא קמא דף מו.-מו:

מתני' שור שנגח את הפרה ונמצא עוברה בצדה ואין ידוע אם עד שלא נגחה ילדה אם משנגחה ילדה משלם חצי נזק לפרה ורביע נזק לולד וכן פרה שנגחה את השור ונמצא ולדה בצדה ואין ידוע אם עד שלא נגחה ילדה אם משנגחה ילדה משתלם חצי נזק מן הפרה ורביע נזק מן הולד

גמ' אמר רב יהודה אמר שמואל זו דברי סומכוס דאמר ממון המוטל בספק חולקין אבל חכמים אומרים זה כלל גדול בדין המוציא מחבירו עליו הראיה למה לי למימר זה כלל גדול בדין אצטריך דאפילו ניזק אומר ברי ומזיק אומר שמא המוציא מחבירו עליו הראיה אי נמי לכי הא דאתמר המוכר שור לחבירו ונמצא נגחן רב אמר הרי זה מקח טעות ושמואל אמר יכול שיאמר לו לשחיטה מכרתיו לך אמאי וניחזי אי גברא דזבין לרדיא אי גברא דזבין לנכסתא לא צריכא בגברא דזבין להא ולהא וניחזי אי דמי רדיא לרדיא אי דמי נכסתא לנכסתא לא צריכא דאוקיר בישרא וקאי בדמי רדיא אמרי **[דף מו:]** ואי ליכא לאשתלומי מיניה לישקליה לתורא בזוזי דאמרי אנשי ממרי רשוותך פארי אפרע לא צריכא דאיכא לאשתלומי מיניה רב אמר הרי זה מקח טעות זיל בתר רובא ורובא דאינשי לרדיא הוא דזבני ושמואל אמר יכול שיאמר לו לשחיטה מכרתיו

לך ולא אזלינן בתר רובא כי אזלינן בתר רובא באיסורא אבל בממונא לא אזלינן בתר רובא אלא המוציא מחבירו עליו הראיה

תוספות מסכת בבא קמא דף מו.

ונחזי אי דמי רדיא לרדיא - פי' הרר"י בר מרדכי דהכא אפי' כרבנן דאמרי בהמוכר את הספינה (שם דף עז:) מכר הצמד לא מכר הבקר ולית להו הדמים מודיעים הכא מודו דהני מילי גבי צמד דאיכא רובא וחזקה דרובא קרו לצמד צמד ולבקר בקר וגם הוא מוחזק ואפילו לפי הספרים דלא גרסי רובא מ"מ לא אתיא דמים לחודייהו ומפקי מחזקה אבל הכא רובא לרדיא זבני ואיכא חזקה כנגד אותו הרוב שהמוכר מוחזק אמרינן הדמים מודיעים לסייע או לרוב או לחזקה ורשב"ם פירש בהמוכר פירות (שם דף צב. ושם) בענין אחר.

תוספות מסכת בבא קמא דף כז.

המניח, ואיכא נמי דקרו לחביתא כדא ולכדא חביתא - תרוייהו צריכי שאם התנה לתת לו כד והקנה לו בסודר ונתחייב הלוקח לתת דמים יכול הלוקח לומר לא אתן לך דמים אם לא תתן לי חבית דקרי ליה לחביתא כדא לפי שהוא מוחזק ולא אזלינן בתר רובא ואם התנה לתת לו חבית ונתן הלוקח דמים יכול לומר לו המוכר לא אתן לך אלא כד דקרי לכדא חביתא ולא אזלינן בתר רובא ואומר ר"ת דאפי' רב דאמר בפרק המוכר פירות (ב"ב דף צב. ושם ד"ה וליחזי) ולקמן בהפרה (דף מו.) הולכין בממון אחר הרוב גבי המוכר שור לחבירו ונמצא נגחן הכא מודה שיכול המוחזק לומר למוציא אע"פ שהרוב מסייעך לא תוציא ממני ממון דקים לי בנפשאי שאני מן המיעוט אבל בנמצא נגחן לא מצי אמר מוכר קים לי בנפשך שאתה מן המיעוט דזבני לנכסתא דאדרבה יאמר הלוקח למוכר אתה הטעתני דקים לי בנפשאי שאני מן הרוב דזבני לרדיא וא"ת ונחזי אי דמי כדא אי דמי חביתא כדפריך לקמן בריש הפרה (שם) ובהמוכר פירות (ב"ב דף צב.) וניחזי אי דמי רדיא לרדיא ושם אפרש בע"ה דאפילו לרבנן דפליגי אר' יהודה בהמוכר את הספינה (שם דף עז:) גבי מכר הצמד לא מכר הבקר דלית להו הדמים מודיעים פריך וי"ל דלא שייכא הכא הודעת דמים דקרובים דמי הכד לדמי החבית א"נ שמכר לו כדים או חביות שוה מאתים זוז ולא שייך לומר בזה הודעת דמים כלל ומיירי דאית ליה זוזי דלא שייך לומר שקול כדך בזוזך ולספרים דגרסי בהפרה ובהמוכר פירות אי דליתנהו להנך זוזי צריך לאוקמי שיש ללוקח מעות המכר והקנה לו אגב קרקע או אחר כך הוזלו הכדים והחביות אי נמי הכי פירושו מהו דתימא זיל בתר רובא אע"פ שהדמים מסייעים למוחזק קמ"ל וה"ה דהוי מצי למימר איפכא מהו דתימא זיל בתר חזקה קמ"ל דאין הולכין בתר חזקה אלא אחר הרוב אם הדמים מסייעין לרוב אלא משום דמתניתין מוכחא דבא להשמיענו דלא אזלינן בתר רובא דכד וחבית חדא נינהו ולפי זה אתי שפיר טפי אליבא דרב מאליבא דשמואל מדשמעינן דלא אזלינן בתר רובא אלא היכא שהדמים מסייעים למוחזק ולא שמעינן זה במקום דאין הדמים מסייעים.

שיטה מקובצת מסכת בבא קמא דף כז:

קא משמע לן דאין הולכין בממון אחר הרוב. ואפילו לרב דאמר בפרק הפרה גבי המוכר שור לחבירו ונמצא נגחן דאזלינן בתר רובא. יש לומר דרובא לשחיטה זבני ידוע ומפורסם יותר מהאי רובא.

<u>**רש"י מסכת בבא קמא דף כז:**</u>

אין הולכין בממון אחר הרוב - היכא דמסתפקא לן מילתא כגון הכא וכגון (לקמן /בבא קמא/ דף מו) המוכר שור לחבירו ונמצא נגחן לא אמרינן בתר רובא זיל ולחרישה קנאו והוי טעות אלא אמר המוציא מחבירו עליו הראיה ויכול לומר לו לשחיטה מכרתיו לך.

<u>**שיטה מקובצת מסכת בבא קמא דף כז:**</u>

קא משמע לן דאין הולכין בממון אחר הרוב... אבל קשה אמאי לא אמרינן הכא הדמים מודיעים כדאמרינן גבי מכר הצמד. יש לומר דהכא אין דמי חבית מרובים כל כך מדמי כד שיהיו הדמים ראיה. אי נמי הכא מיירי דאמר ליה חביות בארבעה סלעים מכרת לי והקנית לי בסודר אגב קרקע והוא אומר לא כי אלא כדים בארבעה סלעים דהשתא ליכא הודעת דמים.

<u>**רמב"ם הלכות מכירה פרק טז הלכה ה**</u>

המוכר שור לחבירו ונמצא נגחן יכול לומר לו לשחיטה מכרתיו לך, במה דברים אמורים בשהיה הלוקח קונה לשחיטה ולחרישה, אבל אם היה יודע שהוא קונה לחרישה בלבד הרי זה מקח טעות וחוזר, וכן כל כיוצא בזה.

<u>**תוספות מסכת בבא קמא דף כז:**</u>

קמ"ל דאין הולכין בממון אחר הרוב - תימה מה טעם אין הולכין ליתי בק"ו מדיני נפשות כדאמרינן בפ"ק דסנהדרין (דף ג:) ור' יאשיה מייתי ליה בק"ו מדיני נפשות ומה דיני נפשות דחמירי אמר רחמנא זיל בתר רובא דיני ממונות לא כ"ש ואפי' רובא דליתיה קמן אזלינן בדיני נפשות בתר רובא כדאמר בריש סורר ומורה (סנהדרין דף סט.) וי"ל דהתם גבי דיינים שאני דחשיב מיעוט דידהו כמי שאינו וליכא למימר התם אוקי ממונא בחזקת מריה דהא ב"ד מפקי מיניה אבל גבי שאר ממון דאיכא מיעוט וחזקה לא אזלינן בתר רובא.

<u>**מסכת סנהדרין דף ג:**</u>

שלשה מנלן דתנו רבנן (שמות כב) ונקרב בעל הבית אל האלהים הרי כאן אחד (שמות כב) עד האלהים יבא דבר שניהם הרי כאן שנים (שמות כב) אשר ירשיען אלהים הרי כאן שלשה דברי רבי יאשיה ...
אלא הא דתנן שנים אומרים זכאי ואחד אומר חייב זכאי שנים אומרים חייב ואחד אומר זכאי חייב נימא דלא כרבי יאשיה אפילו תימא רבי יאשיה מייתי לה בקל וחומר מדיני נפשות ומה דיני נפשות דחמירי אמר רחמנא זיל בתר רובא דיני ממונות לא כל שכן

<u>**מסכת סנהדרין דף סט.**</u>

אהדרוה קמיה דרבינא אמר ליה ובדיני נפשות לא אזלינן בתר רובא והתנן אחד אומר בשנים בחדש ואחד אומר בשלשה עדותן קיימת שזה יודע בעיבורו של חדש וזה אינו יודע ואי סלקא דעתך לא אמרינן זיל בתר רובא נימא הני דוקא קא מסהדי ואכחושי הוא דקא מכחשי אהדדי אלא לאו משום דאמרינן זיל בתר רובא ורובא דאינשי עבדי דטעו בעיבורא....

5. אחריות הניזק והמזיק (דף כז:)

יש ללמוד את הגמרא בדף כז: שורות 1–20

"המניח את הכד" – ברשות או שלא ברשות?

עיין בחידושי המאירי שכתב שאין זה כבור דעלמא מאחר שדרך בני אדם בכך, להניח ליפש. ועיין ברמב"ם (פי"ג מהל' נזקי ממון ה"ה) דמשמע דס"ל שלא היה לו רשות לעשות כן.

תוספות ד"ה אמאי.[1]

- "אבל הך לא פריך אמאי חייב בנזקו כשהוזק איבעי ליה לעיוני כדפרישית לעיל, דיותר יש לו לשמור שלא יזיק משלא יוזק." ועיין ברשב"א שחלק על התוספות בזה. ועיין ברמב"ם (פי"ג מהלכות נזקי ממון הלכה ו) דמשמע מדבריו שלמד את הגמרא כמו הרשב"א, שכתב שאם הוזק בה בכה"ג דהוה ליה לעיוני, פטור בעל הכד מנזקו.
- "ולא שייך כאן **כל המשנה ובא אחר ושינה בו פטור**" (לעיל כ., כד:) יש לבאר את הכלל הזה ולעיין בשני הסוגיות שהזכירו התוספות, בדף כ. משורה 24, ובדף כד: שורה 24 – "אמר רבא" עד המשנה. ויש לעיין ברי"ף (דף יא.) איך שפסק בב' הסוגיות, ובנמוקי יוסף איך שביאר את הגדר של המחלוקת בין רבא לרב פפא.
- "דגבי אדם לא אמר הכי." עיין בנמוקי יוסף (דף יב. בדפי הרי"ף) שהוסיף לבאר "גבי אדם דבן דעת הוא לא אמרינן הכי." ועיין בהגהות אשר"י (סימן א) שביאר "לגבי אדם המזיק דחייב אפילו בלא מתכוין רק שאין אנוס גמור."[2]

[1] This is an interesting and important תוספות, but it can be skipped. The rest of the סוגיא can still be taught in the same way.

[2] This all relates to the conceptual question of whether אדם מועד לעולם means that people are always responsible for their actions, even if they are beyond their control, or if it means that people are usually in control. If it means the former, then the principle may not apply to the case of הוזק; if it means the latter, the two laws should be identical. This is related to the question of responsibility in the case of אונס גמור, which is discussed in regard to תוספות ד"ה ושמואל.

<u>גמרא</u> – "אמרי דבי רב משמיה דרב בממלא רשה"ר כולה חביות"

- פירש <u>המאירי</u> שבכה"ג אי אפשר להתבונן.

- וחלק <u>הנחלת דוד</u> שבכה"ג ודאי רואה אותם, אלא דפטור משום דעביד איניש דינא לנפשיה. (וכן משמע מלשון הגמרא לקמן כח. בסוגיא דעביד איניש דינא לנפשיה.)

- ועוד יש לפרש דנחשב כאונס גמור, כיון שיש לו רשות ללכת שם, ואי אפשר בלי לשברם. [ומשמע דלא ס"ל לתוספות הכי, דלא כתבו לחדש את הפטור של אונס גמור עד ד"ה ושמואל אמר באפילה שנו, וכדי לפרש את דברי שמואל. ומשמע דלא ס"ל לתוס' ששיטת רב מבוססת על הפטור של אונס גמור.]

- פירש <u>רש"י</u> (ד"ה אלא אי) דפטור משום שהניזק פשע [ולהכי פטור אפילו היזיק במזיד, וכדמבואר בהמשך הגמרא].

<u>גמרא</u> – "שמואל אמר באפילה שנו רבי יוחנן אמר בקרן זוית".

- <u>תוספות</u> (מובא להלן) פטור משום דהוי אונס גמור.
- <u>רמב"ן</u> (מובא להלן) פטור משום פשיעת הניזק.

אונס גמור[3]

<u>תוספות</u> ד"ה ושמואל [אולי יש לדלג את מה שהביאו התוספות מסוף דף מה:.] – כתבו שאונס גמור פטור. עיין <u>ברמב"ן</u> (בבא מציעא דף פב:) שחלק על התוספות וס"ל דלעולם חייב אפילו באונס גמור, ואין לפטור את האדם מהזיקו אלא אם פשע הניזק. ועיין <u>ברש"י</u> שקצת משמע מדבריו שפירש את הסוגיא כמו הרמב"ן, שפירש את הכל מצד פשיעת הניזק. ועיין <u>ברמב"ם</u>[4] (פ"א מהלכות חובל ומזיק הל' יא) שמשמע שפסק כמו הרמב"ן, שכתב כלשון <u>הירושלמי</u> וז"ל זה שבא באחרונה הוא המועד.

---

[3] This is a very important issue to address, as it is a very important ידיעה within the topic of אדם מועד לעולם and it will likely come up in every class in the course of the discussion. The topic can be taught to any class, even without looking at the sources inside.

[4] Learning this source strengthens the skill of deciphering the position of the רמב"ם.

- **״נתקל פושע״** – התוספות (בתחילת ד״ה ושמואל) כתבו לדמות ולחלק למושג של ״נתקל פושע״ דלקמן.

תוספות ד״ה לפי

גמרא – ״אמר רב פפא לא דיקא...דאי כרב מאי אריא נתקל אפילו שיבר נמי״

- י״ל שפטור משום פשיעת הניזק או משום שזהו זכות הרבים ברה״ר. **ולר׳ ישעיה** (מובא בשיטה מקובצת) יש לפטור אותו משום דעביד איניש דינא לנפשיה. ולא קשה אלא למ״ד עביד איניש דינא לנפשיה אפילו היכא דליכא פסידא. [ולכאורה לא פירש כרש״י משום דלא ס״ל כהך סברא ד״איהו דאזיק אנפשיה״, וכדעת התוספות, ודלא כהרמב״ן הנ״ל.]

פסק הלכה

עיין ברמב״ם[5] (פי״ג מהלי נזקי ממון הל׳ ה–ו) שפסק כמו רב עולא, אבל גם פסק כשמואל ורב שבמקרה של ״קרנא דעצרא״ פטור אם היתה אפילה או אם מילא רה״ר כולה חביות. כן פסק השלחן ערוך (חו״מ תי״ב סעי׳ א–ב). אך סתם הרמב״ם וכתב ״נתקל״ במקרה של מילא רה״ר, ומשמע קצת שאם שיבר חייב, וכמו שדייקו בגמרא, אבל השלחן ערוך פסק בפירוש שאף שיבר פטור.

[5] This is another opportunity to teach the skill of deciphering the פסק of the רמב״ם. In this particular case, the position of the רמב״ם is very interesting in that he merges different views within the תלמוד. It is a valuable exercise to study this רמב״ם and then look back into the תלמוד to see how he understood it and how he came up with his פסק, and why he chose the position of Shmuel and not Rav Yochanan. The תלמוד itself seems to favor this answer by quoting it later in the תלמוד, separate from the different אוקימתות of the other אמוראים.

In addition, the רמב״ם resolves a very important question that students will ask intuitively: Why does the תלמוד quote the first answers if the last one is the best? Why not go directly to the answer? This question comes up all the time. One answer is that even the answers that are not accepted in פסק can have impact on *psak*. This רמב״ם is a perfect example; the רמב״ם accepts the concepts of Shmuel and Rav Yochanan and applies them to קרנא דעצרא.

מסכת בבא קמא דף כז:

ובא אחר ונתקל בה ושברה פטור אמאי פטור איבעי ליה לעיוני ומיזל אמרי דבי רב משמיה דרב בממלא רה"ר כולה חביות שמואל אמר באפילה שנו רבי יוחנן אמר בקרן זוית אמר רב פפא לא דיקא מתניתין אלא או כשמואל או כרבי יוחנן דאי כרב מאי אריא נתקל אפילו שבר נמי אמר רב זביד משמיה דרבא הוא הדין דאפי' שבר והאי דקתני נתקל איידי דבעי למתני סיפא ואם הוזק בה בעל חבית חייב בנזקו דדוקא נתקל אבל שבר לא מאי טעמא הוא דאזיק אנפשיה קתני רישא נתקל אמר ליה ר' אבא לרב אשי הכי אמרי במערבא משמיה דר' עולא לפי שאין דרכן של בני אדם להתבונן בדרכים הוה עובדא בנהרדעא וחייב שמואל בפומבדיתא וחייב רבא בשלמא שמואל כשמעתיה אלא רבא לימא כשמואל ס"ל אמר רב פפא קרנא דעצרא הוי דכיון דברשות קעבדי איבעי ליה לעיוני ומיזל

בית הבחירה למאירי מסכת בבא קמא דף כז.

אמר המאירי המניח את הכד ברשות הרבים כגון שהיה עיף והניחה לשם ליפש ובא אחר ונתקל בה ושברה פטור הנתקל משבירת הכד ולא עוד אלא שאם נתקל זה הוזק בה הרי בעל חבית חייב בנזקו מדין בורו ואף על פי שאמרו בבור שור ולא אדם לא נאמר כן אלא לענין מיתה אבל בנזקין חייב אף באדם ומ"מ לענין כלים פטור הרי אמרו חמור ולא כלים והרי שבירת הכלים זו היא מיתתן ואין בהם שבירה לנזקין שכל קלקול שאינו חוזר מיתתן היא ושאלו בגמרא לימא ליה איבעי ליה לעיוני ומיזל ולחייבו אם שברה וכל שכן לפטור בעל החבית בנזקי הנתקל והרי אין זה כבור דעלמא שמאחר שדרך בני אדם בכך ר"ל להניחה ליפש היה לנו לדון את הנתקל כפושע עד שפרשוה בהרבה פנים מהם שפרשוה באפלה ומהם כשהיה הכלי מונח בקרן זוית שכשהוא מתעקם משביל זה לחברו אין דרך בני אדם להתבונן ומהם שפרשוה בשמלא כל השביל חביות שאי אפשר להתבונן בהם וסוף הדברים העלו בה שבכל ענין אנו דנין כן הן שהיה ביום הן שהיה בלילה ובאפלה הן בחבית אחת הן בהרבה הן בקרן זוית הן באמצע רשות הרבים ואין אומרין איבעי ליה לעיוני ומיזל מפני שאין דרכן של בני אדם להתבונן בדרכים מרוב מחשבותיהם וטרדת עניניהם:

רמב"ם הלכות נזקי ממון פרק יג הלכה ה

המניח את הכד ברשות הרבים והלך המהלך ונתקל בה ושברה פטור לפי שאין דרך בני אדם להתבונן בדרך כשהן מהלכין, ואם הוזק בה הרי בעל הכד חייב בנזקיו ואפילו הפקיר הכד, שכל המפקיר נזקיו שאין לו רשות לעשותן מתחלה חייב כאילו לא הפקירן.

תוספות מסכת בבא קמא דף כז:

ה"ג אמאי פטור איבעי ליה לעיוני - אבל הך לא פריך אמאי חייב בנזקו כשהוזק איבעי ליה לעיוני כדפירשתי לעיל (דף כג. ד"ה ולחייב) דיותר יש לו לשמור שלא יזיק משלא יוזק ולא שייך כאן כל המשנה ובא אחר ושינה בו פטור (לעיל כ. כד:) דגבי אדם לא אמר הכי והא דאמר (לעיל דף כב.) הניח חנוני נרו מבחוץ בעל הגמל פטור ולא אמר איבעי ליה לעיוני וי"ל דדוקא במקום הליכתו אמרינן איבעי ליה לעיוני וקצת קשה הא דאמר רבא לעיל כי אית לך רשות לסגויי עילאי ואמאי אית ליה רשות לסגויי הא בהמה נמי איבעי לה לעיוני כדמוכח בהפרה (לקמן דף נב:) דשור פקח ביום פטור וליכא למימר בממלא רה"ר שאינה יכולה לעבור אלא דרך עליה דא"כ לבעוטי נמי אית לה רשותא.

מסכת בבא קמא – פרק ג 5. אחריות הניזק והמזיק (דף כז:)

חידושי הרשב"א מסכת בבא קמא דף כז:

אמאי פטור איבעי ליה לעיוני. הקשו בתוס' אמאי לא פריך מסיפא דקתני ואם הוזק בה חייב בעל החבית אמאי חייב איבעי ליה לעיוני, ותירצו דסיפא ניחא ליה דיותר יש לו לשמור עצמו שלא יזיק אחרים משלא יוזק, ומסתברא לי דאין אנו צריכין לכך אלא כיון דאפשר לאקשויי מרישא לא נטר עד סיפא, ועוד דאלימא ליה קושיא דרישא דלאו למימרא שאין בעל חבית חייב בנזקו אלא אדרבה הוה לן לחיובי מי ששברה. ואיכא למידק אם איתא דאמרי' הו"ל למידק א"כ הא דאמרינן גבי חנוני שאם הניח נרו מבחוץ בעל הגמל פטור אמאי נימא ליה הוה לך לעיוני, ויש לומר דבמקום הליכתו דוקא הוא דאמרינן איבעי ליה לעיוני ולא במקום הליכת בהמתו, ועוד שמשאו של גמל מונעו מלראות נרו של חנוני. וא"ת עוד אי אמרין אית לי' לעיוני א"כ מאי קאמר רבא לעיל בפרק כיצד הרגל גבי שתי פרות אחת רבוצה ואחת מהלכת כי אית לך רשות לסגויי עלי לבעוטי בי לית לך רשותא דכיון דבעטה בה ודאי חזיא לה ואפ"ה אמרינן דאית לה רשותא לסגויי עלה, והיכי דמי אי מליא רבוצה כל הרשות אפילו לבעוטי בה אית לה רשותא וכדאמרינן גבי חבית דבממלא כל הרשות אית ליה רשותא אפי' לשבור, ואי בשאינה ממלא כל הרשות אפילו לסגויי עלה לא, דהוה לה לעיוני, דאפילו לגבי בהמה נמי אמרינן הו"ל לעיוני כדמוכח לקמן בפרק שור שנגח את הפרה דשור פקח [ביום] פטור, ונ"ל דלא דמיא דהתם ודאי שור פקח בטבע מעיין שלא יפיל עצמו בבורות ובפחתים וכן כל בעלי חיים כאנשים אבל אינן בני דעת לשמור עצמן שלא ידרסו על הכלים ועל כל מה שמונח לפניהם ברשות הרבים, שאם אין אתה אומר כן א"כ היכי אמרי' דרגל מועדת לדרוס ולשבור.

רמב"ם הלכות נזקי ממון פרק יג הלכה ו

הניח את הכד במקום שיש לו רשות להניחה שם כגון מקום הקרנות של גתות וכיוצא בהן ונתקל בה ושברה חייב, ואם הוזק בה המהלך בעל הכד פטור מפני שהיה לו להסתכל, ואם היתה אפילה או שמילא כל הדרך כדים פטור על שבירתה ואם נתקל בה הרי בעל הכד חייב, וכן כל כיוצא בזה.

מסכת בבא קמא דף יט:

מתני' כיצד השן מועדת לאכול את הראוי לה הבהמה מועדת לאכול פירות וירקות אכלה כסות או כלים משלם חצי נזק במה דברים אמורים ברשות הניזק אבל ברשות הרבים פטור ואם נהנית משלמת מה שנהנית כיצד משלמת מה שנהנית אכלה מתוך הרחבה משלמת מה שנהנית מצדי הרחבה משלמת מה שהזיקה מפתח החנות משלמת מה שנהנית מתוך החנות משלמת מה שהזיקה

מסכת בבא קמא דף כ.

אכלה כסות וכו' אהייא אמר רב אכולהו מאי טעמא כל המשנה ובא אחר ושינה בו פטור ושמואל אמר לא שנו אלא פירות וירקות אבל כסות וכלים חייבת וכן אמר ריש לקיש אכולהו ואזדא ריש לקיש לטעמיה דאמר ריש לקיש שתי פרות ברשות הרבים אחת רבוצה ואחת מהלכת בעטה מהלכת ברבוצה פטורה רבוצה במהלכת חייבת ורבי יוחנן אמר לא שנו אלא פירות וירקות אבל כסות וכלים חייבת לימא רבי יוחנן לית ליה דריש לקיש אפילו בשתי פרות לא לעולם אית ליה כסות עבדי אינשי דמנחי גלימי ומתפחי אבל בהמה לאו אורחה

<u>**מסכת בבא קמא דף כד:**</u>

אמר רבא אם תמצי לומר המשסה כלבו של חבירו בחבירו חייב שיסהו הוא בעצמו פטור מאי טעמא כל המשנה ובא אחר ושינה בו פטור א"ל רב פפא לרבא איתמר משמיה דריש לקיש כוותיך דאמר ריש לקיש שתי פרות ברשות הרבים אחת רבוצה ואחת מהלכת ובעטה מהלכת ברבוצה פטורה רבוצה במהלכת חייבת א"ל אנא בההיא חיובי מחייבנא דאמרינן ליה כי אית לך רשותא לסגויי עלי לבעוטי בי לית לך רשותא

<u>**רי"ף מסכת בבא קמא דף יא.**</u>

ואסקא רבא אם תמצא לומר המשסה כלבו של חבירו [בחבירו] חייב בעל הכלב שיסהו בעצמו פטור מ"ט כל המשנה ובא אחר ושינה בו פטור אמר ליה רב פפא הכי אמרינן משמיה דריש לקיש שתי פרות ברשות הרבים אחת רבוצה ואחת מהלכת בעטה מהלכת ברבוצה פטורה רבוצה במהלכת חייבת א"ל אי משום הא לא תסייען אנן בההיא חיובא מחייבנא דאמר לה כי אית לך רשותא לסגויי עלי לבעוטי בי לית לך רשותא וכן הלכה:

<u>**נימוקי יוסף מסכת בבא קמא דף יא.**</u>

[ואסקא רבא] את"ל. ר' יצחק אלפסי ז"ל פסק דחייב בעל הכלב מדאמר רבא הכי וכן כתב הרמ"ה ז"ל ואי קשיא לן מ"ש משור האיצטדין דאמרינן לקמן [דף לט א] שפטור דכתיב כי יגח ולא שיגיחוהו אחרים י"ל דשאני שור האיצטדין שהוא רגיל הרבה בכך ואין בו דעת כלל אלא שנוגח דרך תרבותו כל זמן שמשסין בו כפי מה שהרגילוהו אבל כלב שיש בו דעת וכמה פעמים שמשסין אותו ואינו נושך ליכא למימר שיגח ולא שיגיחוהו אחרים הרא"ה ז"ל. אמר המחבר וכתב הריטב"א ז"ל דשור האיצטדין דפטור היינו ממיתה אבל לשלם ניזקין אפשר דחייב ול"נ דהשור ההוא הוא אנוס שאינו מנגח ע"י שיסוי לבד אלא על ידי שמצערין אותו שאין בו דעת [ואינו] כמו הכלב דסגי ליה בשיסוי כנ"ל:

<u>**נימוקי יוסף מסכת בבא קמא דף יב.**</u>

אמאי פטור. [אבל לא פריך אמאי חייב בנזקו של נתקל כשהוזק בה איבעי ליה עיוני ומיזל] דיותר יש לו לשמור שלא יזיק אחרים [משלא יזיק הוא] ואף על גב דחברו שנה ואמרינן [לעיל דף כ א] כל המשנה ובא חבירו ושינה בו פטור גבי אדם דבן דעת הוא לא אמרינן הכי:

<u>**הגהות אשרי מסכת בבא קמא פרק ג סימן א**</u>

** והא דאמרינן כל המשנה ובא אחר ושינה בו פטור היינו לגבי שור ולא לגבי אדם המזיק דחייב אפילו בלא מתכוין רק שאין אנוס גמור פר"י. ואם מילא רה"ר שאין דרך לעבור משבר אפילו בידים ופטור. ומיהו אם הוזק פטור בעל הכלים דאיהו דאזיק אנפשיה ושור פיקח ועיניו למטה בעי לעיוני טפי. פר"י מהרי"ח:

<u>**בית הבחירה למאירי מסכת בבא קמא דף כז.**</u>

אמר המאירי המניח את הכד ברשות הרבים ... ושאלו בגמרא לימא ליה איבעי ליה לעיוני ומיזל... ומהם שפרשוה בשמלא כל השביל חביות שאי אפשר להתבונן בהם ...

<u>נחלת דוד מסכת בבא קמא דף כז:</u>

שם בגמ' אמרי בי רב משמיה דרב בממלא רשות הרבים כולה חביות. לכאורה היה נראה לפרש דמשום הכי פטור בממלא בנתקל משום דסבירא ליה לרב כרב נחמן בן יעקב דאית ליה דעביד איניש דינא לנפשיה וא"כ אפילו שבר בכוונה נמי פטור, ולכך ודאי דפטור בנתקל, דדוחק לומר דבממלא שוב אי אפשר ליה לעיוני ומיזל, דאדרבה מצד הסברא נראה דממלא נראה לעינים טפי איך שהדרך ממולא בכדים, וא"כ טפי היה לו ליזהר שלא ישבר אי סלקא דעתך דלא עביד איניש דינא לנפשיה, אלא על כרחך דעיקר תירוצא דרב דמוקי לה בממלא הוא משום דסבירא ליה עביד איניש דינא לנפשיה, ולכך פטור בנתקל משום דאפילו לשבר נמי אית ליה רשות, ולפי זה היה ניחא טובא מאי דאמר רב פפא לא דיקא מתניתין כו' דאי כרב מאי איריא נתקל אפילו שבר נמי, ולא נצטרך לומר דסבירא ליה לרב פפא כרב נחמן בן יעקב דעביד איניש דינא לנפשיה קפריך הכי, רק דמעיקר שינויא דרב מוכח דסבירא ליה כן, דבלאו הכי לא הוי משני מידי.

אלא דכל זה אינו, דא"כ תקשה לקמן בשמעתין דפריך למ"ד לא עביד איניש דינא לנפשיה ממתניתין דובא אחר ונתקל טעמא דנתקל הא שבר פטור ש"מ לא עביד איניש דינא לנפשיה, ועל כרחך אליבא דאוקימתא דרב דמוקי לה בממלא קפריך וכמש"כ שם רש"י ותוס', וא"כ אי סלקא דעתך דאוקימתא דרב לית ליה פתרי אלא אי אמרינן עביד איניש דינא לנפשיה, א"כ היאך הוי ניחא ליה להמקשה עיקר אוקימתא דרב לפום מאי דהוי סבר דלא עביד איניש דינא לנפשיה, אלא על כרחך צריך לומר דאוקימתא דרב לא תליא בהכי כלל, ואף אם נאמר דלא עביד איניש דינא לנפשיה נמי מיתוקם שינויא דידיה דמוקי לה בממלא, והיינו על כרחך כהך פירושא דהוה דחוק לן לפרש כן, מעתה בהכרח צריכינן לפרושי כן דבממלא שוב אי אפשר לו לעיוני ומיזל, ואף דוודאי דהוא נראה לעינים טפי, מכל מקום כיון דכל הדרך מלא כדים אף דחזי ליה מכל מקום אי אפשר לו ליזהר שלא יתקל וישבר, ודמיא קצת להא דאמרינן לעיל היתה מהלכת במקום שאי אפשר לה אלא אם כן מנתזת, והכי נמי דכוותיה, כיון דבעל כרחו הוא מהלך בדוחק בין הכדים אי אפשר לו ליזהר שלא יתקל וישבר אף דחזי להו, ומעתה שוב אין כאן דוחקא כלל בהאי פירושא, וזה פשוט. ולפי זה יש לומר דבממלא לא הוי אונס כל כך כמו קרן זווית ואפילה, דהתם לא חזי ליה ובממלא הא קחזי ליה, ועיין במה שנכתוב לקמן אי"ה בביאור דברי הרא"ש.

<u>רש"י מסכת בבא קמא דף כז:</u>

אלא אי כשמואל אי כר' יוחנן - שהמניח לא פשע הלכך דוקא נתקל אבל שבר ברצון חייב.

<u>תוספות מסכת בבא קמא דף כז:</u>

ושמואל אמר באפילה שנו - והא דפליגי לקמן (דף כט.) אי נתקל פושע הוא או לא כגון שנתקל מעצמו ולא נתקל בשום דבר אבל הכא שנתקל מחמת מכשול ולא איבעי ליה לעיוני אנוס הוא ואע"ג דלעיל (דף כו:) מרבינן אונס כרצון באדם המזיק מפצע תחת פצע אונס גמור לא רבי רחמנא דהא בירושלמי פוטר אותו שישן ראשון אם הזיק לשני הבא אצלו לישן וכן בהגוזל בתרא (לקמן דף קיב.) גבי הניח להם אביהם פרה שאולה כסבורים של אביהם היא וטבחוה ואכלוה משלמין דמי בשר בזול שכך נהגו אבל מה שהזיקו לא דאנוסין הן ובמתניתין נמי תנן היה בעל חבית ראשון ובעל קורה אחרון דאם עמד בעל חבית ונשברה חבית בקורה פטור ונראה לדקדק דאדם המזיק דמפטר באונס (משום) שהוא כעין גניבה מדתניא בשלהי האומנים

(ב"מ דף פב: ושם ד"ה וסבר) המעביר חבית ממקום למקום ושברה רבי יהודה אומר שומר חנם ישבע נושא שכר ישלם והשתא מדמחייב נושא שכר ופוטר שומר חנם ולא מחייב מטעם אדם המזיק ש"מ דבאונס דכעין גניבה אדם המזיק פטור ומדמה ר' יהודה נתקל לגניבה אבל באונס שהוא כעין אבידה שהיא קרובה לפשיעה יותר כדאמרינן בהשואל (ב"מ דף צד:) דגניבה קרובה לאונס ואבידה קרובה לפשיעה נראה דאדם המזיק חייב דא"א לומר שלא יתחייב אלא בפשיעה וכן משמע לעיל דמחייב בנפל מן הגג ברוח שאינו מצויה ואע"ג דברוח שאינו מצויה מפטר בה שומר חנם כדאמרינן בסוף ארבעה וחמשה (לקמן דף מה.) גבי ארבעה נכנסו תחת הבעלים כו' וחייבין לשלם דמי שור לבעלים חוץ משומר חנם ומוקי לה כגון דנטריה שמירה פחותה דשומר חנם כלתה לו שמירתו והנך לא כלתה שמירתן ומייתי מדר' יהודה דמועד סגי ליה בשמירה פחותה דהיינו דלת שיכולה לעמוד ברוח מצויה ואין יכולה לעמוד בשאין מצויה אלמא אע"ג דמפטר שומר חנם מחייב בה אדם המזיק והיינו טעמא משום דהוי כעין אבידה ונתקל הוי כעין גניבה ופטור ביה אדם המזיק וכן מוכח בפרק הגוזל עצים (לקמן דף צט: ושם) גבי טבח אומן שקלקל דפריך למאן דפטר (בשומר) חנם מברייתא דקתני נתן בהמה לטבח ונבלה חייב מפני שהוא כנושא שכר אלמא ס"ד דמקשה אפי' בחנם חייב כמו שומר שכר שחייב על האבידה ומשני אימא מפני שהוא נושא שכר ולפיכך בשכר חייב בחנם פטור דהוי כעין גניבה [עי' תוס' ב"מ פב: ד"ה וסבר וב"ב צג: ד"ה חייב].

<u>**בבא מציעא דף פב:**</u>

משנה המעביר חבית ממקום למקום ושברה בין שומר חנם בין שומר שכר ישבע רבי אליעזר אומר זה וזה ישבע ותמיה אני אם יכולין זה וזה לישבע

גמרא תנו רבנן המעביר חבית לחבירו ממקום למקום ושברה בין שומר חנם בין שומר שכר ישבע דברי רבי מאיר רבי יהודה אומר שומר חנם ישבע נושא שכר ישלם רבי אליעזר אומר זה וזה ישבע ותמיה אני אם יכולין זה וזה לישבע למימרא דסבר רבי מאיר נתקל לאו פושע הוא והתניא נשברה כדו ולא סילקו נפלה גמלו ולא העמידה רבי מאיר מחייב בהיזקן וחכמים אומרים פטור מדיני אדם וחייב בדיני שמים וקיימא לן דבנתקל פושע פליגי אמר ר' אלעזר תברה מי ששנה זו לא שנה זו ואתא רבי יהודה למימר שומר חנם ישבע נושא שכר ישלם האי כי דיניה והאי כי דיניה ואתא רבי אליעזר למימר אין גמרא כרבי מאיר ומיהו תמיה אני אם יכולין זה וזה לישבע

<u>**חידושי הרמב"ן מסכת בבא מציעא דף פב:**</u>

ואתא ר' יהודה למימר ש"ח ישבע נושא שכר ישלם האי כדיניה והאי כדיניה. ולא תקנו בו כלום, ודין הנתקל כדין גנבה ואבדה אינו דומה לא לאונס ולא לפשיעה, וש"ש כל זמן שלא נאנס חייב וש"ח כל זמן שלא פשע פטור, ומיהו גבי נזקין פטר ר' יהודה דאנוס מקרי לגבי נזקין, לא מיבעי' לאחר נפילה דהו"ל בור והתורה מיעטה בשמירתו ואינו צריך אלא שמירה פחותה כשמירת ש"ח, אלא אפי' בשעת נפילה דהו"ל אש פטור דהא נמי מיעטה תורה בשמירתו ולא בעינן בנזקין שמירה מעולה כל כך כשמירת ש"ש, אלא מכי נטר כדנטרי אינש פטור בנזקין, ובריתא דקתני וחכמים אומרים פטור מדיני אדם וחייב בדיני שמים ר' יהודה היא כדאיתא בהדיא בפרק המניח וכבר פירשתיה בארוכה בספר המלחמות יפה.

ומצאתי בתוס' בב"ק (כ"ז ב') שמפרשים אותה משום אדם המזיק, וא"כ למה פטרוהו לדברי האומר אנוס הוא והלא אדם מועד לעולם בין באונס בין ברצון, והם השיבו שאינו חייב באונסין גדולים וסמכו

אותה מן הירו' שאמרו בישן ובא חבירו וישן אצלו הוא המועד, ואי אפשי להעמידה דהתם משום דשני פשע בעצמו, וכן מה שאמרו באם היה בעל קורה ראשון ובעל חבית אחרון וכולה מתני', וכן מה שאמרו לפי שאין דרכן של בני אדם להתבונן בדרכים, כלם כשהם אדם המזיק משום פשיעה דניזק פטרו בהם, או שהם בור וכגון שהלה נתקל בו, ואין להאריך כאן, ועוד הביאו טבח אומן שקלקל דפטור בחנם ואמאי אדם מזיק הוא, וכי נמי סבירא לן אנוס הוא ליחייב, וזה ודאי קשה עליהם דכיון דמיחייב בשכר אלמא כעין גנבה ואבדה הוא ולאו אונס גדול ולאו אונס קטן הוא ופטרוהו בחנם, אלא שאין באומן הטועה במלאכתו משום מזיק, וסוף דבר כיון שהזכירו חכמים באונס נזקין אבן מונחת בחיקו ולא הכיר בה מעולם (ב"ק כ"ו ב'), ונפל מן הגג ברוח שאינה מצויה (שם כ"ז א') הרי הזכירו סוף האונסין כלם, דרוח שאינה מצויה אפילו כאותה של אליהו במשמע, דרוח מצויה הזכירו לענין ש"ח אבל רוח שאינה מצויה לא הוזכרה בתלמוד אלא לענין אונס דהוא מן האונסין הגדולים שבעולם, ואין כאן מקום להאריך בזה יותר מדאי.

<u>רמב"ם הלכות חובל ומזיק פרק א הלכה יא</u>

אדם מועד לעולם בין שוגג בין מזיד בין ער בין ישן בין שכור אם חבל בחבירו או הזיק ממון חבירו משלם מן היפה שבנכסיו. במה דברים אמורים שהישן חייב לשלם בשנים שישנו כאחד ונתהפך אחד מהן והזיק את חבירו או קרע בגדו אבל אם היה אחד ישן ובא אחר ושכב בצדו זה שבא באחרונה הוא המועד ואם הזיקו הישן פטור, וכן אם הניח כלי בצד הישן ושברו הישן, פטור שזה שהניחו הוא המועד שפשע.

<u>תלמוד ירושלמי מסכת בבא קמא פרק ב דף ג טור א /ה"ח</u>

הלכה י' אדם מועד לעולם כו' אמר רבי יצחק מתניתא בשהיו שניהם ישינין אבל אם היה אחד מהן ישן ובא חבירו לישן אצלו זה שבא לישן אצלו הוא המועד

<u>תוספות מסכת בבא קמא דף כז:</u>

לפי שאין דרכן של בני אדם להתבונן בדרכים - והא דתני (לקמן דף נב:) שור פקח ביום פטור דשור עיניו למטה ומיבעי ליה לעיוני טפי מאדם.

<u>שיטה מקובצת מסכת בבא קמא דף כז:</u>

מאי איריא נתקל אפילו שבר נמי. למאן דאמר עביד איניש דינא לנפשיה אפילו ליכא פסידא פריך דלאידך הוי מצי לשנויי דהכא מיירי דליכא פסידא. הר"ר ישעיה ז"ל.

<u>רמב"ם הלכות נזקי ממון פרק יג</u>

הלכה ה: המניח את הכד ברשות הרבים והלך המהלך ונתקל בה ושברה פטור לפי שאין דרך בני אדם להתבונן בדרך כשהן מהלכין, ואם הוזק בה הרי בעל הכד חייב בנזקיו ואפילו הפקיר הכד, שכל המפקיר נזקיו שאין לו רשות לעשותן מתחלה חייב כאילו לא הפקירן.

הלכה ו: הניח את הכד במקום שיש לו רשות להניחה שם כגון מקום הקרנות של גתות וכיוצא בהן ונתקל בה ושברה חייב, ואם הוזק בה המהלך בעל הכד פטור מפני שהיה לו להסתכל, ואם היתה אפילה או שמילא כל הדרך כדים פטור על שבירתה ואם נתקל בה הרי בעל הכד חייב, וכן כל כיוצא בזה.

שולחן ערוך חושן משפט סימן תיב

סעיף א: המניח את הכד ברשות הרבים, ובא אחר ונתקל בו ושברו, פטור, שאין דרך בני אדם להתבונן בדרכים. ואם הוזק בו, בעל הכד חייב ואפילו הפקיר הכד, שכל המפקיר נזקיו בדבר שאין לו רשות לעשות מתחלה, חייב.

סעיף ב: הניח הכד במקום שיש לו רשות להניחו, כמו במקום פנוי שלפני בית הבד, ובא אחר ונתקל בו ושברו, חייב. ואם הוזק בו המהלך, בעל הכד פטור, מפני שהיה לו להסתכל. ואם היתה אפילה, או שמילא כל הדרך כדים, פטור על שבירתם. ואם נתקל בה והוזק בעל הכד חייב. וכן כל כיוצא בזה. ואם מילא כל הדרך כדים שאי אפשר לעבור, אפילו שברו בידים פטור. ומיהו אם בשעה ששיברם הוזק בחרסיה, פטור, אע"פ שזה מילא כל הדרך, דאיהו דאזיק אנפשיה.

6. עביד איניש דינא לנפשיה (דף כז:-כח.)

יש ללמד את הגמרא בדף כז: שורה 21 עד המשנה בדף כח., בשורה 53. ויש להמשיך וללמוד את המשנה להקדים את הסוגיא הבאה. ולמתקדמים גם את 9 שורות בתחילת הגמ'.[1]

תוספות ד"ה קנסא

יש לעיין ברא"ש (סימן ג) שכתב שאם ליכא פסידא, הדין של עביד איניש דינא לנפשיה שייך דוקא במקרה שיכול לברר בבית דין שהדין עמו, ודוקא אם יש לחבירו חפץ משלו, ובא ליקח את שלו, אבל אינו יכול לקחת משכון בשביל איזו חוב שיש לו. וכעין זה כתב המרדכי (ל) וז"ל דדוקא אותו דבר עצמו שנלקח לו לאדם מותר לו ליקחנה בכל מקום שיוכל וכו'.[2]

דף כז:

תוספות ד"ה אלא – חשוב הבנת השקלא וטריא, ויש להדגיש במה שכתבו לחלק בדין "עביד איניש דינא לנפשיה" במקום דאיכא פסידא למקום דליכא פסידא (אפילו לר' נחמן).

דף כח.

תוספות ד"ה ואי – גם חשוב להבנת השקלא וטריא, וגם כאן כתבו לחלק בין עביד בדאיכא פסידא לעביד בדליכא פסידא. ועיין בספר רשימות שיעורים (עמ' קצד) במה שביאר את החילוק של תוספות באופן יסודי.

---

[1] This section of תלמוד has a long series of possible proofs and rejections. It is important to reinforce the idea that the תלמוד does this in order to bring out new halachic concepts in the process (for example, one is responsible to minimize danger when applying עביד איניש דינא לנפשיה).
[2] These sources are important because they significantly limit the rule of עביד איניש דינא לנפשיה so that it is not essentially an endorsement of anarchy. This concern may have compelled these ראשונים as well.

תוספות ד"ה טעמא - כתבו התוס' דאליבא דרב פריך. ויש להעיר דמשמע דהניחה הגמ' שלפי רב פטור מטעמא דעביד איניש דינא לנפשיה. והיינו כשיטת ר' ישעיה, (מובא בשמ"ק שהזכרנו לעיל בדף כז:) ודלא כמו שיש לדייק מרש"י שם.

תוספות ד"ה משבר

חקירה - יש לדון אם מועיל "עביד" כעין זכות הצלה, או דהוי כעין שליח בית דין (וכלשון הגמ' בדף כח:). ודנו בזה הגרי"ד בספר רשימות שיעורים ובמשנת יעב"ץ (סי' ג). [ואולי יש לדייק דהוי מדין שליח ב"ד ממה שהביא הרמב"ם את ההל' של עביד איניש דינא לנפשיה בהל' סנהדרין, מיד אחרי ההלכה של יחיד מומחה.]

פסק הלכה

עיין ברא"ש (סוף סימן ג) וז"ל, והלכתא כרב נחמן בדיני ועוד דטובא פירכות פריך לרב יהודה ושנינהו בדוחק.[3]

עיין בשלחן ערוך (סי' ד) וברמב"ם (פ"ב מהל' סנהדרין הי"ב) שפסקו כר' נחמן. ועיין ברמב"ם (פ"ג מהל' עבדים ה"ה) שהזכיר את דברי ר"נ בר יצחק שמדובר במקרה שרבו מסר לו שפחה כנענית, אע"פ שזה נאמר בגמ' דוקא לישב את שיטת ר' יהודה, ולא קי"ל כוותיה, ועי' בזה בלחם משנה. ועיין גם ברמב"ם (פ"ו מהל' חובל ה"ו) בשור שעלה על גבי חבירו שפסק שדחף חייב אפילו בתם, שהיה לו לשומטו ולא שמטו, אע"פ שמשמע בגמ' שלפי ר' נחמן אומרים את זה דוקא בתם.

שו"ת ציץ אליעזר (חלק ב סי' כג) - כתב להתיר "שביתה" על פי הדין של עביד איניש דינא לנפשיה, בניגוד לדעת רוב הפוסקים, כגון שו"ת פסקי עוזיאל (שאלות הזמן סי' מו ד"ה שאלה ו).[4]

[3] This highlights an important aspect of תלמוד study – ראשונים do not blindly accept everything in that תלמוד equally. They evaluate the strength of each assertion of the גמרא and determine פסק based on that.

[4] This is a nice application of the סוגיא in contemporary הלכה and provides the opportunity to expose students to the application of הלכה to a Jewish contemporary society.

<u>מסכת בבא קמא דף כז:-כח:</u>

שלח ליה רב חסדא לר"נ הרי אמרו לרכובה שלש ולבעיטה חמש ולסנוקרת שלש עשרה לפנדא דמרא ולקופינא דמרא מאי שלח ליה חסדא חסדא קנסא קא מגבית בבבל אימא לי גופא דעובדא היכי הוה שלח ליה דההוא גרגותא דבי תרי דכל יומא הוה דלי חד מנייהו אתא חד קא דלי ביומא דלא דיליה א"ל יומא דידי הוא לא אשגח ביה שקל פנדא דמרא מחייה א"ל מאה פנדי בפנדא למחייה אפילו למ"ד לא עביד איניש דינא לנפשיה במקום פסידא עביד איניש דינא לנפשיה דאתמר רב יהודה אמר לא עביד איניש דינא לנפשיה רב נחמן אמר עביד איניש דינא לנפשיה היכא דאיכא פסידא כ"ע לא פליגי דעביד איניש דינא לנפשיה כי פליגי היכא דליכא פסידא רב יהודה אמר לא עביד איניש דינא לנפשיה דכיון דליכא פסידא ליזיל קמיה דיינא ר"נ אמר עביד איניש דינא לנפשיה דכיון דבדין עביד לא טרח מתיב רב כהנא בן בג בג אומר אל תיכנס לחצר חברך ליטול את שלך שלא ברשות שמא תראה עליו כגנב אלא שבור את שיניו ואמור לו שלי אני נוטל א"ל **[דף כח.]** עמך בן בג בג יחידאה הוא ופליגי רבנן עליה רבי ינאי אמר מאי שבור את שיניו בדין אי הכי ואמור לו ואומרים לו מיבעי ליה שלי אני נוטל שלו הוא נוטל מיבעי ליה קשיא ת"ש שור שעלה ע"ג חבירו להורגו ובא בעל התחתון ושמט את שלו ונפל עליון ומת פטור מאי לאו במועד דליכא פסידא לא בתם דאיכא פסידא אי הכי אימא סיפא דחפו לעליון ומת חייב ואי בתם אמאי חייב שהיה לו לשמטו ולא שמטו תא שמע הממלא חצר חבירו כדי יין וכדי שמן בעל החצר משבר ויוצא משבר ונכנס אמר ר"נ בר יצחק משבר ויוצא לב"ד משבר ונכנס להביא זכיותיו ת"ש מניין לנרצע שכלו לו ימיו ורבו מסרהב בו לצאת וחבל ועשה בו חבורה שהוא פטור ת"ל (במדבר לה) לא תקחו כופר לשוב לא תקחו כופר לשב הכא במאי עסקינן בעבדא גנבא עד האידנא לא גנב והשתא גנב עד האידנא הוה אימתיה דרביה עליה השתא לית ליה אימתא דרביה עליה ר"נ בר יצחק אמר בעבד שמסר לו רבו שפחה כנענית עד האידנא היתירא והשתא איסורא ת"ש המניח את הכד ברה"ר ובא אחר ונתקל בה ושברה פטור טעמא דנתקל בה הא שברה חייב אמר רב זביד משמיה דרבא הוא הדין אפי' שברה והאי דקתני נתקל איידי דקבעי למיתני סיפא אם הוזק בעל חבית חייב בנזקו דדוקא נתקל אבל שבר לא דהוא אזיק נפשיה קתני רישא נתקל ת"ש (דברים כ"ה) וקצתה את כפה ממון מאי לאו בשאינה יכולה להציל ע"י דבר אחר לא שיכולה להציל ע"י דבר אחר אבל אינה יכולה להציל ע"י דבר אחר פטורה אי הכי אדתני סיפא ושלחה ידה פרט לשליח ב"ד לפלוג ולתני בדידה בד"א בשיכולה להציל ע"י ד"א אבל אינה יכולה להציל ע"י דבר אחר פטורה ה"נ קאמר בד"א בשיכולה להציל ע"י דבר אחר אבל אינה יכולה להציל ע"י דבר אחר נעשה ידה כשליח ב"ד ופטורה ת"ש הרי שהיתה דרך הרבים עוברת בתוך שדהו נטלה ונתן להם מן הצד מה שנתן נתן ושלו לא הגיעו ואי אמרת עביד איניש דינא לנפשיה לנקוט פזרא וליתיב אמר רב זביד משמיה דרבא גזירה שמא יתן להם דרך עקלתון רב משרשיא אמר בנותן להם דרך עקלתון רב אשי אמר כל מן הצד דרך עקלתון הוא קרובה לזה ורחוקה לזה אי הכי אמאי שלו לא הגיעו לימא להו שקולו דידכו והבו לי דידי משום דרב יהודה דאמר רב יהודה מיצר שהחזיקו בו רבים אסור לקלקלו ת"ש בעל הבית שהניח פאה מצד אחד ובאו עניים ונטלו מצד אחר זה וזה פאה וא"א עביד איניש דינא לנפשיה אמאי זה וזה פאה לנקוט פזרא וליתיב אמר רבא מאי זה וזה פאה לפוטרן מן המעשר כדתניא המפקיר את כרמו והשכים בבקר ובצרו חייב בפרט ובעוללות ובשכחה ובפאה ופטור מן המעשר

מתני' נשברה כדו ברה"ר והוחלק אחד במים או שלקה בחרסית חייב רבי יהודה אומר במתכוין חייב באינו מתכוין פטור

גמ' אמר רב יהודה אמר רב לא שנו אלא שטינפו כליו במים **[דף כח:]** אבל הוא עצמו פטור קרקע עולם הזיקתו כי אמריתה קמיה דשמואל אמר לי מכדי אבנו וסכינו ומשאו מבורו למדנו וכולן אני קורא בהן שור ולא אדם חמור ולא כלים והני מילי לענין קטלא אבל לענין נזקין אדם חייב וכלים פטורין ורב הני מילי היכא דאפקרינהו אבל היכא דלא אפקרינהו ממונו הוא

תוספות מסכת בבא קמא דף כז:

קנסא קמגבית בבבל - לאו קנסא אלא דין קנסא הוא כדאמרינן בהחובל (לקמן ד' פד:) דמילתא דלית בה חסרון כיס לא עבדינן שליחותייהו.

רא"ש מסכת בבא קמא פרק ג סימן ג

רב יהודה אמר לא עביד איניש דינא לנפשיה. רב נחמן אמר עביד איניש דינא לנפשיה. לא פליגי הני אמוראי בראובן שבא לגזול חפץ משמעון ועמד שמעון נגדו והכהו או שראה שמעון חפץ שלו ביד ראובן ובא שמעון לקחתו וראובן מיחה בו והכה שמעון לראובן עד שהניח לו את שלו. אי איכא פסידא כההוא עובדא דגרגותא דבי תרי דשמא יכלו המים ונתקלקל שדה. או אשה המצלת את בעלה כשאין יכולה להציל ע"י דבר אחר. עביד איניש דינא לנפשיה ופטור במה שחבל בחבירו אם לא היה יכול להציל את שלו אם לא שיכנו:

ובדבר דלית ליה פסידא אלא הצלת טורח שלא יצטרך להוציא ממונו בדין בהא פליגי. דרב יהודה סבר בשביל הצלת טורח אין לו רשות לחבל בו. ורב נחמן סבר כיון דדינא קא עביד ויכול לברר שבדין היה יכול להוציא ממנו יש לו רשות להציל את שלו אפילו בהכאה אם אינו יכול להציל בענין אחר. אבל אם אין יכול לברר שבדין יכול להוציאו ממנו לאו כל כמיניה לומר שלי הוא ולהציל ממוני עשיתי. ודוקא אם בא לגזול ממנו או שראה חפץ שלו בידו הוא דאמרינן הכי. אבל למשכנו בשביל חוב שחייב לו לית ליה רשותא. דתנן בפ' המקבל (דף קיג א) המלוה את חבירו לא ימשכננו אלא בב"ד. ואמר שמואל התם דאפילו שליח ב"ד מנתח נתוחי בשוק דוקא אבל לא יכנס לביתו. והמלוה עצמו אפילו בשוק לא. וכיון דאין לו רשות אם חבל בו או אם הזיק ממונו חייב כמו על אחר**. והלכתא כרב נחמן בדיני ועוד דטובא פירכות פריך לרב יהודה ושנינהו בדוחק:

מרדכי מסכת בבא קמא פרק המניח [רמז כו]

[רמז ל] קיי"ל כרב נחמן דעביד איניש דינא לנפשיה [*עיין בקולון שורש קס"א ענף א'] פסק רבינו מאיר דהני מילי בחפץ המבורר שהוא שלו ומחזיק בו ומסרב להחזיר לו אבל בשאר מילי (*לא) שאין ידוע אם זה שלו אם לא לית ליה רשות אפילו הוה ליה פסידא לפי דברו דאם כן לא שבקת חיי לכל בריה דכל אחד יאמר לחבירו ודאי דידי מגזל קגזלת לי ויכה אותו ויחטוף אותו ויאמר עבידנא דינא לנפשאי דודאי רב נחמן לא פליג אמתני' דפ' המקבל המלוה את חבירו אינו רשאי למשכנו ועוד והא קרא כתיב בחוץ תעמוד והאיש אשר אתה נושה בו יוציא אליך את העבוט וכן מצאתי בספר יראים דר"נ אמר למילתיה בגזלן שדבר שלו בעין ורוצים לגזול [*אותו] ממנו (*או) [*אם] הוציאה גזלן ולא נזקף דמי גזלתו במלוה וקרא דלא תבא אל ביתו לעבוט במלוה (*ובזוקף) [*או בנזקף] למלוה. וראיה מפ"ק דברכות [*דאמר] בתר גנבא גנוב וטעמא טעים. והקשה ה"ר קלונימוס הלא מן הדין לקח דקיי"ל עביד איניש דינא לנפשיה וי"ל דהיינו דוקא אותו

דבר עצמו שנלקח לו לאדם מותר לו ליקחנה בכל מקום שיכול להשיגו דומיא דמילתיה דבן בג בג דאמר שלו הוא נוטל אבל הכא לקח זמורות אחרים שלא גנב לו הארוס ומכאן הביא ראיה רבינו מאיר לדבריו דהא הכא ידע רב הונא בודאי שגנב לו דחלילה לו לרב הונא לעכב מספק וכן משמע הלשון מי קא שביק לי מינייהו והא קא גנב כוליה פי' הוא גונב יותר מכדי חלקו עיין פרק הגוזל בתרא גבי ההוא שותא כו':

<u>תוספות מסכת בבא קמא דף כז:</u>

אלא שבור את שיניו - דליכא פסידא איירי מדאסר ליכנס שלא ברשות.

<u>תוספות מסכת בבא קמא דף כח.</u>

ואי בתם אמאי חייב - בשלמא אי איירי במועד יש לו להתחייב שאינו בהול והיה לו לשומטו אבל אי בתם איירי לא סלקא דעתך שהיה לו לשומטו לפי שהוא בהול שירא להפסיד ולא מסיק אדעתיה לשומטו.

<u>תוספות מסכת בבא קמא דף כח.</u>

טעמא דנתקל הא שבר חייב - אליבא דרב פריך דמוקי לה בממלא דבלא ממלא מודה ר"נ דאין לו לשבר דאיבעי ליה לסגויי באידך גיסא דלא פליג אכולהו אמוראי דלעיל ולתרוייהו לא פריך דאע"ג דאיירי בממלא ליכא פסידא דלא דמי לחצר חבירו שאדם יכול להקיף ברה"ר ולילך בכל מקום שירצה.

<u>תוספות מסכת בבא קמא דף כח.</u>

משבר ויוצא - אע"ג דלעיל אמרינן שהיה לו לשומטו היינו משום דליכא טירחא בשמיטה יותר מבדחיפה אבל הכא לא אטרחוהו לסדרן זה על זה.

<u>שולחן ערוך חושן משפט סימן ד סעיף א</u>

יכול אדם לעשות דין לעצמו; אם רואה שלו ביד אחר שגזלו, יכול לקחתו מידו; ואם האחר עומד כנגדו, יכול להכותו עד שיניחנו, (אם לא יוכל להציל בענין אחר) (טור), **אפילו הוא דבר שאין בו הפסד אם ימתין עד שיעמידנו בדין, והוא שיוכל לברר ששלו הוא נוטל בדין; מ"מ אין לו רשות למשכנו בחובו.** **הגה:** מטעם שיתבאר לקמן סימן צ"ז סעיף ו'. וי"א דווקא בחובו ממש, אבל אם חייב לו בלא הלוואה, או שאין צריך למשכנו כי הוא כבר אצלו בפקדון או מצאו ביד אחר, מותר לתפסו (ריב"ש סי' שצו). וי"א דלא אמרינן עביד אינש דינא לנפשיה רק בחפץ המבורר לו שהוא שלו, כגון שגזלו או רוצה לגוזלו או רוצה להזיקו, יכול להציל שלו. אבל אם כבר נתחייב לו מכח גזילה או ממקום אחר, לא (מרדכי ונ"י פרק המניח). ודווקא הוא בעצמו יכול למעבד דינא לנפשיה, אבל אסור לעשות על ידי עובדי כוכבים (ת"ה סי' ש"ד), מיהו אם עבר ועשה על ידי הער"ג, אם לא היה יכול להציל שלו בענין אחר, מה שעשה עשוי (עיין במהרי"ק שורש קס"א). י"א דלא מיקרי עביד דינא לנפשיה אלא כשמזיק לחבירו, כגון שמכהו ולכן לא יוכל לעשות אלא אם כן יוכל לברר שהוא שלו, אבל תפיסה בעלמא שתפסו למשכון, יכול לעשות בכל ענין, ויורד אח"כ עמו לדין (מהרי"ק שורש סי' קס"א). וכל זה מיירי ביחיד נגד יחיד, אבל יחיד נגד רבים, והוא מבני העיר, עבדי דינא לנפשייהו אם יודעים שהדין עמהם, אע"פ שאין יכולים לברר לפני בית דין, כי אינם יכולים להעיד, שכולן נוגעין בדבר (תשובת הרשב"א כלל ז' סימן כ"ה). עיין בסימן ז' סעיף י"ב וסימן ל"ז. ואם יש חלוקים וטענות ביניהם, הקהל נקראים מוחזקים לגבי היחיד, וצריך לתת להם משכון קודם שירדו עמו לדין (מרדכי פרק המוכר פירות וס"פ לא יחפור). והא דנקראים מוחזקים לגבי יחיד, דווקא בענייני מסים, אבל לא בשאר דברים; ומכל מקום צריך לתת משכון קודם שירדו לדין עמו (ת"ה סימן שמ"א). וכל זה כשאין היחיד תלמיד חכם, אבל אם הוא תלמיד חכם שתורתו אומנתו, ויש לו דין בזה מחמת מסים, אין צריך לתת להם משכון, גם אינם נקראים מוחזקים נגדו (מוה"רם מריזבורג), ומותר לכוף בענייני מסים ע"י עובדי כוכבים ולהפסידו, אם אינם יכולים להוציא ממנו המס בענין אחר (מהרי"ק שורש י"ז, וכ"ז /א"/).

<u>רמב"ם הלכות סנהדרין פרק ב</u>

הלכה י אע"פ שאין בית דין פחות משלשה מותר לאחד לדון מן התורה שנאמר בצדק תשפוט עמיתך ומדברי סופרים עד שיהיו שלשה, ושנים שדנו אין דיניהן דין.

הלכה יא אחד שהיה מומחה לרבים או שנטל רשות מבית דין הרי זה מותר לו לדון יחידי אבל אינו חשוב בית דין, ואע"פ שהוא מותר מצות חכמים הוא שמושיב עמו אחרים שהרי אמרו אל תהי דן יחידי שאין דן יחידי אלא אחד.

הלכה יב יש לאדם לעשות דין לעצמו אם יש בידו כח הואיל וכדת וכהלכה הוא עושה אינו חייב לטרוח ולבוא לבית דין, אף על פי שלא היה שם הפסד בנכסיו אילו נתאחר ובא לבית דין, לפיכך אם קבל עליו בעל דינו והביאו לבית דין ודרשו ומצאו שעשה כהלכה ודין אמת דן לעצמו אין סותרין את דינו.

<u>רמב"ם הלכות עבדים פרק ג הלכה ה</u>

אם היו לו אשה ובנים אע"פ שמוסר לו רבו שפחה כנענית אינו יכול להפרישו מאשתו ובניו שנאמר אשתו עמו, ואינו יכול ליתן לו שתי שפחות, ולא ליתן שפחה אחת לשני עבדיו העברים כדרך שנותן לכנעניים שנאמר יתן לו אשה, נרצע שמסר לו רבו שפחה כנענית והגיע יובל והיה רבו מסרב בו לצאת ואינו רוצה לצאת וחבל בו פטור שהרי נאסר בשפחה.

<u>לחם משנה הלכות עבדים פרק ג הלכה ה</u>

וחבל בו פטור שהרי נאסר בשפחה וכו'. קשה טובא דבריש פרק המניח גבי פלוגתא דרב יהודה אמר לא עביד איניש דינא לנפשיה ורב נחמן אמר עביד איניש דינא לנפשיה הקשו לרב יהודה דאמר לא עביד איניש דינא לנפשיה מהברייתא דקאמרה מנין לנרצע שכלו לו ימיו ורבו מסרהב בו לצאת חבל בו ועשה בו חבורה פטור משמע דעביד איניש דינא לנפשיה ותירץ רב נחמן בר יצחק אליבא דרב יהודה דברייתא איירי בעבד שמסר לו רבו שפחה כנענית דעד האידנא היתרא והשתא איסורא כלומר והאי דינא לאו לנפשיה הוא דהוי מילתא דאיסורא ורשאי להלקותו ולהפרישו מאיסורא וא"כ קשה כיון דרבינו ז"ל פסק בהלכות סנהדרין פ"ב כרב נחמן דעביד איניש דינא לנפשיה למה כתב כאן טעמא משום דנאסר בשפחה הוא פטור דמשמע משום דהוי מילתא דאיסורא בלאו הכי אפילו לא מסר לו רבו שפחה כנענית פטור משום דעביד איניש דינא לנפשיה. וי"ל דרבינו ז"ל מפרש דכי פריך בפרק המניח לכולהו פריך אפילו לרב נחמן דאמר דעביד איניש דינא לנפשיה דאפילו רב נחמן לא קאמר דעביד איניש דינא לנפשיה אלא בדבר שחבירו עושה לו הפסד דהכי דייק ואמר לנפשיה משמע לצורכו כדי שלא יעשה לו הפסד ועל דא פליג רב יהודה דכיון דהיה יכול לבא לב"ד ואין לו הפסד בכך לא עביד איניש דינא לנפשיה אבל בדבר דאין לו הפסד כמו הכא בנרצע דאין לו לרבו הפסד שאינו רוצה לצאת אדרבא הוא מרויח שירצה לעובדו עוד אפילו רב נחמן מודה דאינו יכול להכותו כיון דאינו עושה לו הפסד ואע"פ שיכול להוציאו בע"כ מ"מ להכותו מיהא אינו יכול כיון דלא בא לו הפסד בשביל כך אדרבה בא לו ריוח וא"כ הוי תיובתא מהברייתא אפילו לרב נחמן ותירצו דבא לו הפסד כגון שהוא עבדא גנבא ור"נ בר יצחק תירץ דהוי מילתא דאיסורא שנאסר בשפחה ומשום הכי עביד איניש דיניה אבל אם לא היה נאסר בשפחה אפילו רב נחמן מודה דלא עביד איניש דינא כיון דאינו בא לו הפסד כדפרישית כן נראה לי לתרץ דברי רבינו ז"ל:

<u>רמב"ם הלכות חובל ומזיק פרק ו הלכה ו</u>

שור שעלה על גבי חבירו להרגו ברשות המזיק שהוא בעל התחתון בין שהיה תם בין שהיה מועד ובא בעל התחתון ושמט את שורו להצילו ונפל עליון ומת הרי זה פטור.

<u>שו"ת ציץ אליעזר חלק ב סימן כג</u>

...ויש הרבה להאריך בזה, והנלענ"ד כתבתי.

היוצא מדברינו לנידוננו.

(א) היות שדיני פועלים תלוים במנהג המדינה, רשאים מנהיגי העיר, שנתמנו ע"י בני העיר לפקח על כל עניני הציבור ולשקוד על תקנתם, בהשתתפות החכם החשוב שהוא מנהיג הממונה על הציבור [אם נמצא כזה], להתנות על תנאי העבודה שבין הבעה"ב והפועלים, ולקבוע בשעת התנאי קנס ועונש על מפירי התנאים. וגם לתת כח של הכרזת שביתה בתור אמצעי של לחץ על בעה"ב שיחזור מאלימותו להפרת התנאים, אם מוצאים את זה לאמצעי היותר יעיל, כי כחם של בני העיר בתקנתם, ובפרט בהשתתפות חבר עיר, ככח בי"ד לכוף ולענוש, בכל מיני עונשים ורידויים, ומכ"ש שביכלתם אליבא דכו"ע לקבוע עונשים וקנס שביתה על תנאי עבודה שנעשו כבר למנהג מדינה. כלשון שאלתכם.

(ב) היות שישנם גם דעות מהפוסקים שסוברים להלכה שלהתנות צריכים דעת כל בני העיר במיוחד, מן המובחר הוא במקום שאפשרי הדבר, שכשרוצים בתקנה חדשה, לקרוא את כל בני העיר או באי כחם בכל מקום ומקום לאסיפה כללית, להכריע הדבר עפ"י הצבעה, ומי שלא בא הפסיד את קולו ומסר את זכותו למשתתפי האסיפה.

אבל אין כל זה מעכב, מכיון שרובא דרובא של הפוסקים סוברים שממוני הציבור כחם כבני העיר בכל דבר אף לתקן.

(ג) כשם שמועיל תנאי בני העיר, לשעבד את המיעוט כן מועיל אם רוב הממונים של רוב הקהלות יסכימו דבר אחד, לכוף את מיעוט הקהלות לעשות התיקון ההוא או לגדור הגדר ההוא.

(ד) הפועלים או ארגוניהם, יש ביכלתם בהשתתפות חבר עיר, להתנות זה על זה שלא ליכנס בגבול עבודת חבריהם במקרה של סכסוך בינם לבין מעבידיהם על קיום תנאים שנעשו או שעושים למנהג המדינה. ולהטיל גם עונשים בכל מה שירצו וימצאו לנחוץ על מפירי התנאי.

(ה) במקרים כאלו שהפועל בטוח בהחלט בצדקתו על עבירה מצד בעה"ב על תנאי העבודה שקבעו ונעשו למנהג המדינה, יכול הפועל לעשות דין לעצמו בהתאם לקנס שקבעו במקרה כזה ממוני העיר, כנפסק ברמב"ם (פ"ב מה' סנהדרין הי"ב) שיש לאדם לעשות דין לעצמו אם יש בידו כח הואיל וכדת וכהלכה הוא עושה אינו חייב לטרוח ולבוא לבי"ד וכו', וכן בשו"ע חו"מ סי' ד'. זהו הנלפענ"ד בעהי"ת בבירור בעיא קשה ומסובכת זו. והנני בכבוד רב ובידידות מרובה. אליעזר יהודא וולדינברג.

<u>שו"ת פסקי עוזיאל בשאלות הזמן סימן מו</u>

שאלה ו' אם רשאי הפועל להשתמש במעשה השביתה?

תשובה: לענ"ד נראה שהשביתה בכלל אינה מותרת ולא רצויה לא לפועל ולא לבעל הבית...

7. שפיכת מים והצנעת קוץ (דף ל.)

יש ללמוד את המשנה בדף ל. שורה 2 עד המשנה בשורה 35.[1]

"מזיק ברשות"[2]

<u>גמרא</u> – מבואר בגמרא שאפילו אם הונח ברשות, חייב על הנזק. ויש לעיין איך לישב את זה עם הגמ' דלעיל (דף כז:) דבקרנא דעצרא פטור, "דכיון דברשות קעבדי איבעי ליה לעיוני ומיזל". ונראה לישב דבקרנא דעצרא הוי ברשות *וגם* מנהגם היה כך, ולכן כו"ע יודעים לעיין, משא"כ בשפיכת מים, דכיון שיש רשות לעשות כן בבל מקום, אין הרבים יודעים ליזהר פה, וחייב.

<u>תוספות</u> ד"ה לא יהא

<u>תוספות</u> ד"ה בדתמו. הביאו התוספות גירסא הפוכה בגמרא. ועי' <u>ברשב"א</u> שבאמת גרס הכי. ולכאורה גירסתו יותר מובנת.

<u>גמרא</u> – "פשיטא, מהו דתימא התם הוא דלא הוה ידע ליה דלודעיה אבל הכא דידע ליה הוה ליה לאודועיה, קמ"ל." יש להקשות – מהי סברת ה"קמ"ל"?[3]

[1] The case of pouring water in public can be compared to the situation outside of modern day apartment buildings, especially in Manhattan, where the sidewalk in front of the building is washed by hose every day.

[2] This is an important issue to discuss, but it can be seen through the next סוגיא as well. In the interest of saving time, one might teach just the משנה with the end of the גמרא about חסיד, and then the next משנה and גמרא.

The issue of מזיק ברשות relates to the relationship between עבירה and חיוב נזיקין, as was discussed in the introduction. If it is עבירה that creates חיוב נזק, then it would seem that מזיק ברשות should be פטור.

[3] This is an opportunity to teach a very important skill in analyzing גמרא – the גמרא itself expresses a rationale for the הוה אמינא but never explains the "קמ"ל". This question is usually addressed by ראשונים and/or אחרונים.

- ראʺש – יש לחייב אותו יותר משום שהוא פשע תחילה (ומובא גם בנמוקי יוסף).

- תוספות דʺה שלא. לכאורה לפי גירסת הירושלמי חששו שלא תוציא המחרישה את הקוצים ויזיקו, וצʺע בביאור גירסתנו, למה נחשב כמנהג חסידות, הרי עשו לתקנת החרישה שלהם. ועוד, למה הביאו את זה כאן, ובמה קשור לסוגיתנו.

ʺאמר רב יהודה האי מאן דבעי למהוי חסדא לקיים מילי דנזיקין...דאבות...דברכות.ʺ עיין בשיטה מקובצת שהביא את הר׳ יהונתן שכתב דבעינן כל ג׳. והביא גם את דברי הרשבʺא שביאר שבכל הג׳ מוצאים מילי דחסידותא, כגון הכא. ועיין במהרשʺא (חידושי אגדות) בביאור הגמרא שלנו, והניח דבעינן כל ג׳ כשביאר שʺחסידʺ הוא מי שתיקן את מדותיו בהנהגותיו בין אדם לחבירו, למקום, ולעצמו, והיינו כונת ר׳ יהודה שיקיים מילי דאבות, ברכות, ונזיקין.[4]

[4] This is a wonderful issue to focus on in order to demonstrate the importance of the relationship between Talmudic הלכה and values.

מסכת בבא קמא דף ל.

מתני' השופך מים ברה"ר והוזק בהן אחר חייב בנזקו המצניע את הקוץ ואת הזכוכית והגודר את גדרו בקוצים וגדר שנפל לרה"ר והוזקו בהן אחרים חייב בנזקן

גמ' אמר רב לא שנו אלא דנטנפו כליו במים אבל הוא עצמו פטור קרקע עולם הזיקתו א"ל רב הונא לרב לא יהא אלא כרפשו מי סברת דלא תמו מיא בדתמו מיא ותרתי למה לי חדא בימות החמה וחדא בימות הגשמים דתניא כל אלו שאמרו פותקין ביבותיהן וגורפין מערותיהן בימות החמה אין להן רשות ובימות הגשמים יש להם רשות ואע"פ שברשות אם הזיקו חייבין לשלם המצניע את הקוץ [וכו'] א"ר יוחנן לא שנו אלא מפריח אבל מצמצם לא מ"ט פטור אמר רב אחא בריה דרב איקא לפי שאין דרכן של בני אדם להתחכך בכתלים ת"ר המצניע קוצותיו וזכוכיותיו לתוך כותל של חבירו ובא בעל כותל וסתר כותלו ונפל לרה"ר והזיקו חייב המצניע א"ר יוחנן לא שנו אלא בכותל רעוע אבל בכותל בריא המצניע פטור וחייב בעל הכותל אמר רבינא זאת אומרת המכסה בורו בדליו של חבירו ובא בעל דלי ונטל דליו חייב בעל הבור פשיטא מהו דתימא התם הוא דלא הוי ידע ליה דלודעיה אבל הכא דידע ליה הוה ליה לאודועיה קמ"ל ת"ר חסידים הראשונים היו מצניעים קוצותיהם וזכוכיותיהם בתוך שדותיהן ומעמיקים להן ג' טפחים כדי שלא יעכב המחרישה רב ששת שדי להו בנורא רבא שדי להו בדגלת אמר רב יהודה האי מאן דבעי למהוי חסידא לקיים מילי דנזיקין רבא אמר מילי דאבות ואמרי לה מילי דברכות

תוספות מסכת בבא קמא דף ל.

לא יהא אלא כרפשו - הא דלא דייק הכי לעיל (דף כח.) בהוחלק אחד במים משום דהתם לא איירי כששפכם בכוונה אבל הכא תנא השופך משמע ששפכם בכוונה במקום שנעשין רפש וטיט א"נ ברישא קתני הוחלקו משמע דלא עשו המים אלא החלקה אבל הכא קתני הוזק משמע שבמים עצמן הוזק.

תוספות מסכת בבא קמא דף ל.

בדתמו מיא - פירוש בתמו מיא נמי איירי וניחא ליה לאוקמי בין תמו בין לא תמו ודוקא בכלים מלאוקמי דוקא בלא תמו ובין בכלים ובין בעצמו וא"ת ואי תמו מיא סתמא מפקר להו והוי בור ופטור בו הכלים וי"ל דלא תמו כל כך שלא יהא עדיין ראויין לשום דבר ואי הוה גרס איפכא הוה ניחא מי סברת דתמו מיא ונכנסו בעפר ונעשה טיט לא דלא תמו מיא שהמים צלולים עדיין דמסתמא לא אפקרינהו.

חידושי הרשב"א מסכת בבא קמא דף ל.

גירסא דייקא מי סברת דתמו מיא לא דלא תמו מיא, וה"ק מי סברת דתמו מיא ונעשו רפש וטיט, לא דלא תמו מיא דעדיין צלולין הן ואין כאן רפשו אלא מימיו.

רא"ש מסכת בבא קמא פרק ג

המצניע קוצין וזכוכיות בתוך כותלו של חבירו ובא בעל הכותל וסתר את כותלו אם היה הכותל רעוע חייב המצניע דהוה ליה לאסוקי אדעתיה דכותל רעוע עומדת ליסתר ויפול לרשות הרבים ופשע בשמירת נזקיו. ולא דמי למוצא בור מגולה וטממו וחזר וחפרו דפטור הראשון וחייב השני אע"ג דהראשון עשה בור והכא ראשון לא עשה בור. משום דהכא השני לא עשה מעשה שראוי להתחייב כי סתר את כותלו וממילא נפלו

לרשות הרבים. והראשון הוה ליה כאילו השליכן לרשות הרבים כמו אבנו וסכינו ומשאו שהניחן בראש גגו ונפלו ברוח מצויה לרשות הרבים והזיקו לאחר נפילה. אבל בכותל בריא פטור המצניע שלא פשע בשמירתו כיון שאין הכותל עומד ליסתר. ובעל הכותל חייב דאיבעי ליה לעיוני. ובכותל רעוע לא איבעי ליה לעיוני ולחוש שמא נתנו שמה כשהיה הכותל בריא. דכיון דפשע המצניע תחלה בשמירת נזקיו ראוי לחייבו יותר. ומהכא שמעינן המכסה בורו בדליו של חבירו ובא בעל הדלי ונטל את דליו והזיק חייב בעל הבור. ולא אמרינן כיון שמכיר את בעל הבור איבעי ליה לאודועי. דכיון שנטלו שלא ברשות בעל הדלי אין חייב לטרוח ולהודיעו. דמכסה פשע תחלה דאיבעי ליה למידע שבעל הדלי יטול את דליו:

<u>**תוספות מסכת בבא קמא דף ל.**</u>

שלא תעכב המחרישה - בירושלמי מפרש כדי שלא תעלה המחרישה.

<u>**שיטה מקובצת מסכת בבא קמא דף ל.**</u>

וזה לשון ה"ר יהונתן ז"ל: מילי דנזקין בחסידים אלה שהיו חוששין אף לדבר שאינו רגיל כדי שיתרחקו מהיזק הבריות. מילי דאבות אבות דרבי נתן שהם פרקי דחסידי. מילי דברכות שיהיה זריז בתפילה כותיקין וכחסידים הראשונים שהיו שוהין שעה אחת ומתפללין. ובפחות משלשה אלה לא יוכל להיות חסיד שיקיים מילי דנזקים שישמר מהיזק חבירו בכוונה ושלא בכוונה ושיקיים מילי דאבות שיהא ותרן בממונו שיאמר שלי שלך ושלך שלך ושיקיים מילי דברכות שיתפלל בכוונה שלמה. ע"כ.

<u>**חידושי הרשב"א מסכת בבא קמא דף ל.**</u>

לקיים מילי דנזיקין רבינא אמר מילי דאבות ואיכא דאמרי מילי דברכות. יש מפרשים ובכל חדא מהני אמרינן מילי דחסידותא, בניזקין הא דחסידים הראשונים מצניעין, ובאבות האומר שלי שלך ושלך חסיד, ובברכות חסידים הראשונים היו שוהין שעה אחת ומתפללין.

<u>**מהרש"א חידושי אגדות מסכת בבא קמא דף ל.**</u>

מאן דבעי למהוי חסידא לקיים מילי דנזיקין כו'. יראה כי חסיד נאמר על מי שעושה מעשיו על צד היותר טוב כמאמרם פ"ק דע"ז במעלות הטוב עשרה דברים זהירות מביאה לידי זריזות כו' וחשיב למעלה עליונה חסידות מביאה לידי רוח הקודש ולפי שיש לאדם במעשיו הטובות ג' חלקים דהיינו טוב לשמים. וטוב לבריות. וטוב לעצמו. קאמר רב יהודה מאן דבעי למהוי חסידא לקיים מילי דנזיקין דאז יכול לתקן מעשיו שיהיה טוב לבריות ורבא קאמר דלקיים מילי דאבות דאז יתקן מעשיו שיהיה טוב לעצמו במדות ואמרי לה דלקיים מילי דברכות דאז יתקן שיהיה טוב לשמים וכל אחד מהני אמוראי נקט כל א' מהני ג' מיני חלוקים במעשים טובים של אדם וק"ל:

8. הוצאת זבלים ונר חנוכה (דף ל.-ל:)

יש ללמוד את המשנה בדף ל. שורה 35 והגמרא עד דף ל: שורה 1.

דף ל.

"שעל מנת כן הנחיל יהושע את הארץ" - עיין לקמן בדף פ:-פא. בעשרה תנאים שהתנה יהושע שלא יהא בני אדם מקפידים זה על זה כל כך. [ולכאורה שייך דין זה אפילו בחו"ל, כדמבואר בגמ' לקמן פא: וברמב"ם פ"ה מנזקי ממון ה"ה.]

ומבואר גם בגמ' (תענית כ: ומגילה כח.) - "במה הארכת ימיך...שמימי לא הקפדתי בתוך ביתי", ופי' המהרש"א דכונתו *שאפילו* בתוך ביתו לא הקפיד. [ומבואר גם בגמרא שם - "שאל רבי את רבי יהושע בן קרחא במה הארכת ימים א"ל קצת בחיי אמר לו רבי תורה היא וללמוד אני צריך"][1]

"מודה רב יהודה שאם הזיק משלם מה שהזיק" - יש להקשות אמאי אמרינן "כל הקודם זכה" אם הוציאם ברשות. ועיין בשיטה מקובצת בשם הרא"ש שכתב שאינו הפקר אלא לאחר שהזיקו.

גמרא- "מאי לאו משום רשות בית דין, לא משום רשות מצוה." ויש לעיין בגדר דין זה, ואמאי יש חילוק בין רשות בית דין לרשות מצוה. ונראה שיש לבאר בב' אופנים:

1) כדי שלא ימנע העם מלעשות את המצוה, תיקנו שיהיו פטורים מנזק, וכלשון הגמרא בשבת (דף כא:): "ודילמא אי מטרחא ליה אתי לאימנועי ממצוה".

2) אי נמי י"ל דכיון שהזיק ברשות מצוה, ממילא כל העולם יודעים שיש ליזהר מנרות אצל פתחי הבתים, ולכן פטור.

- ולכאורה נ"מ במקום שאין כל האנשים יודעים את הדין.

3) אי נמי יש לומר שהמחייב בנזק הוא שעבר על איסור, וממילא ברשות פטור.

[1] This highlights the important value of being a forgiving person.

תלמוד בבלי מסכת בבא קמא דף ל.-ל:

מתני' המוציא את תבנו וקשו לרה"ר לזבלים והוזק בהן אחר חייב בנזקו וכל הקודם בהן זכה רשב"ג אומר כל המקלקלין ברה"ר והזיקו חייבין לשלם וכל הקודם בהן זכה ההופך את הגלל ברה"ר והוזק בהן אחר חייב בנזקו

גמ' לימא מתני' דלא כר' יהודה דתניא ר' יהודה אומר בשעת הוצאת זבלים אדם מוציא זבלו לרה"ר וצוברו כל שלשים יום כדי שיהא נישוף ברגלי אדם וברגלי בהמה שעל מנת כן הנחיל יהושע את הארץ אפי' תימא רבי יהודה מודה רבי יהודה שאם הזיק משלם מה שהזיק והתנן רבי יהודה אומר בנר חנוכה פטור מפני שהוא ברשות מאי לאו משום רשות בית דין לא משום רשות מצוה דתניא רבי יהודה אומר בנר חנוכה פטור מפני שהוא רשות מצוה ת"ש כל אלו שאמרו מותרין לקלקל ברשות הרבים אם הזיקו חייבין לשלם ורבי יהודה פוטר אמר רב נחמן מתני' שלא בשעת הוצאת זבלים ור' יהודה היא רב אשי אמר **[דף ל:]** תבנו וקשו תנן משום דמשרקי

מסכת בבא קמא דף פ:-פא.

ת"ר עשרה תנאין התנה יהושע שיהו מרעין בחורשין ומלקטין עצים בשדותיהם ומלקטים עשבים בכל מקום חוץ מתלתן וקוטמים נטיעות בכל מקום חוץ מגרופיות של זית ומעין היוצא בתחילה בני העיר מסתפקין ממנו ומחכין בימה של טבריא ובלבד שלא יפרוס קלע ויעמיד את הספינה ונפנין לאחורי הגדר ואפילו בשדה מליאה כרכום ומהלכים בשבילי הרשות עד שתרד רביעה שניה ומסתלקין לצידי הדרכים מפני יתידות הדרכים והתועה בין הכרמים מפסיג ועולה מפסיג ויורד ומת מצוה קונה מקומו

רמב"ם הלכות נזקי ממון פרק ה הלכה ה

ותקנות אלו כולן נוהגות בכל מקום אפילו בחוצה לארץ.

מסכת תענית דף כ:

שאלו תלמידיו (את רבי זירא ואמרי לה) לרב אדא בר אהבה במה הארכת ימים אמר להם מימי לא הקפדתי בתוך ביתי

מסכת מגילה דף כח.

שאל רבי את רבי יהושע בן קרחה במה הארכת ימים אמר לו קצת בחיי אמר לו רבי תורה היא וללמוד אני צריך ...

שאלו תלמידיו את רבי זירא במה הארכת ימים אמר להם מימי לא הקפדתי בתוך ביתי

מהרש"א חידושי אגדות מסכת מגילה דף כח.

לא הקפדתי בתוך ביתי כו'. הכעס היא ממדה הרעה ואמר הגם שבביתו של אדם יש לאדם להטיל אימה ולא יתירה מ"מ לא עשיתיו בקפידא וכעס:

שיטה מקובצת מסכת בבא קמא דף ל.

אפילו תימא רבי יהודה וכו'. ואם תאמר והא מתניתין קתני כל הקודם בהן זכה. וי"ל דהיינו לאחר שהזיק אבל יש לו רשות להניח ומשהזיק יזהר ליטלנו קודם שיטלנו אחר. הרא"ש ז"ל.

מסכת שבת דף כא:

תנן התם גץ היוצא מתחת הפטיש ויצא והזיק חייב גמל שטעון פשתן והוא עובר ברשות הרבים ונכנסה פשתנו לתוך החנות ודלקה בנרו של חנוני והדליק את הבירה בעל הגמל חייב הניח חנוני את נרו מבחוץ חנוני חייב רבי יהודה אומר בנר חנוכה פטור אמר רבינא (משום דרבה) מסורת הש"ס [משמיה דרבא] זאת אומרת נר חנוכה מצוה להניחה בתוך עשרה דאי סלקא דעתך למעלה מעשרה לימא ליה היה לך להניח למעלה מגמל ורוכבו ודילמא אי מיטרחא ליה טובא אתי לאימנועי ממצוה

9. נתקל פושע או אנוס (דף לא.)[1]

יש ללמוד את המשנה ואת הגמ׳ בדף לא. עד 4 שורות מסוף העמוד.

בגמרא - ״אמר רב יוחנן, לא תימא מתניתין ר׳ מאיר היא דאמר נתקל פושע הוא וחייב, אפילו תימא רבנן הוא דאמרי אנוס הוא ופטור, הכא חייב שהיה לו לעמוד ולא עמד וכו׳״ - ועיין ברש״י ד״ה שהיה לו לעמוד וז״ל, כלומר בהכי מתוקמא מתניתין ששהה בנפילתו כדי עמידה ולא עמד עכ״ל. ויש להעיר דכונת הגמרא היא שעדיף לאוקמה מתני׳ במקרה מסוימת זו מלאוקמה כשיטה מסוימת (ר׳ מאיר).[2]

״נתקל הראשון בשני וכו׳״ - יש להסתפק אם החיוב במשנה הוא מדין אדם המזיק או מדין בור. ועיין בנמוקי יוסף (בדף יד: בדפי הרי״ף) שפירש דהוי מדין בור ואינו חייב מדין אדם המזיק כיון שלא הזיק מכחו, ולכן אינו חייב אי הוי אונס, וכ״כ הרמב״ם (פרק יג מהל׳ נזקי ממון ה״ט).[3]

השוואה לסוגיה לעיל בדף כז: - תוספות שם ד״ה ושמואל (בתחילה) כתבו שהכא מדובר שלא נתקל מחמת שום דבר, אבל אם נתקל מחמת מכשול נחשב כאונס לפי רב עולא, ולפי שמואל, איבעי ליה לעיוני ולמיזל וחייב, ואינו אונס אלא באפילה.

[1] It is not critical to teach this סוגיא. The concept of נתקל פושע may be better introduced in conjunction with the previous סוגיא on :כז.

[2] This is an important issue because אוקימתא is common and seems to be employed “randomly” in the תלמוד. It is therefore a good idea to focus on the logic and methodology used.

[3] This is a very interesting application of בור.

<u>מסכת בבא קמא דף לא.</u>

מתני' שני קדרין שהיו מהלכין זה אחר זה ונתקל הראשון ונפל ונתקל השני בראשון הראשון חייב בנזקי שני

גמ' אמר רבי יוחנן לא תימא מתני' ר' מאיר היא דאמר נתקל פושע הוא וחייב אלא אפילו לרבנן דאמרי אנוס הוא ופטור הכא חייב שהיה לו לעמוד ולא עמד רב נחמן בר יצחק אמר אפילו תימא לא היה לו לעמוד היה לו להזהיר ולא הזהיר ורבי יוחנן אמר כיון דלא היה לו לעמוד לא היה לו להזהיר דטריד תנן היה בעל קורה ראשון ובעל חבית אחרון נשברה חבית בקורה פטור ואם עמד בעל קורה חייב מאי לאו שעמד לכתף דאורחיה הוא וקתני חייב דהוה ליה להזהיר לא כשעמד לפוש אבל עמד לכתף מאי פטור אדתני סיפא ואם אמר לו לבעל חבית עמוד פטור לפלוג וליתני בדידה בד"א כשעמד לפוש אבל עמד לכתף פטור הא קמ"ל דאע"ג דעמד לפוש כי קאמר לו לבעל חבית עמוד פטור ת"ש הקדרין והזגגין שהיו מהלכין זה אחר זה נתקל הראשון ונפל ונתקל השני בראשון והשלישי בשני ראשון חייב בנזקי שני ושני חייב בנזקי שלישי ואם מחמת ראשון נפלו ראשון חייב בנזקי כולם ואם הזהירו זה את זה פטורין מאי לאו שלא היה להן לעמוד לא שהיה להן לעמוד אבל לא היה להם לעמוד מאי פטור אי הכי אדתני סיפא אם הזהירו זה את זה פטור לפלוג וליתני בדידה במה דברים אמורים שהיה להן לעמוד אבל לא היה להן לעמוד פטורין הא קמ"ל דאע"ג דהיה להן לעמוד כי הזהירו זה את זה פטורין

<u>רש"י מסכת בבא קמא דף לא.</u>

שהיה לו לעמוד - כלומר בהכי מתוקמא מתניתין ששהה בנפילתו כדי עמידה ולא עמד.

<u>נימוקי יוסף מסכת בבא קמא דף יד:</u>

ודוקא בנזקי גופו כלומר בנזקי גופו של שני הוא דחייב אבל לא בנזקי ממונו של שני דנתקל באחר כנתקל בבור הוא דהא ראשון נעשה בתקלה זו כבור דלא עביד מידי וכבר ברירנא לעיל דלא מצינו בור שחייבו בו את הכלים ואף על גב דבשאר נזקי אדם חייבין אפי' באונס ולא חשבינן ליה כבור התם הוא דקעביד איהו מעשה דקאתי היזקא מכחו אבל הכא חבריה הוא דאיתזק ביה וכן ממונו של ראשון כגופו לחייבו בגוף שני הנתקל בו וכמו שנפרש בגמרא בעזרת האל:

בנזקו של שני. בנזקי גופו ולא בנזקי ממונו דלא מצינו בור שחייב על הכלים כדפירשנו לעיל:

<u>רמב"ם הלכות נזקי ממון פרק יג הלכה ט</u>

במה דברים אמורים שהוא חייב בנזקיו של שני בשהוזק גופו של שני אבל אם הוזקו כליו פטור שאינו חייב על הכלים בבור וכל תקלה תולדת בור היא כמו שביארנו.

## 10.	ריצה בערב שבת (דף לב.–לב:)

יש ללמוד את המשנה (השניה) בדף לב. והגמרא עד דף לב: (שורה 3)

ריצה ברשות – בערב שבת

• **בגמרא** (דף לב:)– "בואו ונצא לקראת כלה מלכתא ואמרי לה לקראת שבת כלה מלכתא" ועיין **ברמב"ם** (פ"ל מהלכות שבת ה"ב) שגרס "בואו ונצא לקראת שבת המלך.". בחילוק שבין "מלך" ל"מלכה", יש לבאר (וכן תירץ **הגרי"ד**) דלפי הרמב"ם מקבלים פני הקב"ה, משא"כ לפי גירסתנו, שמקבלים קדושת השבת. ועיין **במהרש"א** שפירש את הגמרא דקדושת שבת נשואה לכנסת ישראל, וישראל דומה לבני מלכים. ועוד הוסיף לבאר דדרך החתן לצאת לקראת הכלה, וביאר מנהגו של רבי ינאי שלא יצא משום שדרך הכלה ליכנס לתוך חופת החתן (ביתו) ע"ש. [ויש לעורר בב' המנהגים בנישואין, אם החתן יצא מחופתו להכניס את הכלה לחופתו, או שהיא תבא לתוך חופתו.]

ועיין **ברש"י** (דברים פרק לג פסוק ב) בענין נישואין שבין הקב"ה לכנסת ישראל (מובא פסוק זה במהרש"א הנ"ל) והניח רש"י שכנסת ישראל היא הכלה והקב"ה הוא החתן.[1]

• **ובענין מצות ריצה בערב שבת** יש לעיין בספר **שיעורים** לז"נ אבא מרי ובספר **רשימות שיעורים** שדייק הגרי"ד שיש להשוות את ההלכות של הכנה לשבת להלכות הכנה לתפילה, וביאר דבשניהם מכינים לקבלת השכינה, ולכן דומה ההכנות זה לזה. ועיין **בחידושי הגרי"ז על התורה** (פרשת יתרו, ד"ה ויגד משה) שהביא את הגמרא שלנו, וגם הבין דהוי הכנה לקראת פני השכינה, ודימה דין זה להכנת כלל ישראל לקבלת השכינה בהר סיני. ומצינו גם בגמרא שבמוצאי שבת מלוין את המלך, **בפסחים** (דף קב:–קג.) **וברש"י** (שבת דף קיט: ד"ה במוצאי שבת).[2]

---

[1] This is an important issue to study, as it raises the idea of building a relationship with ה׳ through our observance of *mitzvot*. It is especially meaningful when derived from the תלמוד itself.

[2] This is a good opportunity to teach students about the meaning of תפילה.

- **רץ ברשות** - גמרא: "הכי קאמר, אחד רץ ואחד מהלך פטור בד"א בערב שבת בין השמשות וכו'."

נחלקו הראשונים אם פטור דוקא בבה"ג שרץ לצורך שבת. ועיין בנמוקי יוסף (דף טו:) וברא"ש (סימן יא) שפטור דוקא אם היה רץ לצורך הכנת שבת. ודייק התוספות יו"ט (פרק ג משנה ו) והסמ"ע (שעה:יא) בלשון הרמב"ם (פ"ו מהל' חובל ה"ט) שאפילו אם רץ לשאר צרכיו לפני שבת, להיות מוכן לשבת, פטור. ובשלחן ערוך (חו"מ שעה:ח) הביא את דברי הנמוקי יוסף. ולכאורה דברי הרמב"ם הולכים לפי שיטתו (ובפרט על פי ביאור הגרי"ד) שעיקר כבוד שבת הוא להיות מוכן לשבת, ולישב בכבוד ראש מיחל לקבלת פני השבת, וממילא אף זה נחשב כרץ ברשות.

- **ריצה ברה"ר בזמן הזה** - יש לעיין אם גדר דין זה הוא שהמצוה מתירו לרוץ, או דמנהג העולם הוא לרוץ בבין השמשות, ונחשב כברשות. ולכאורה נפקא מינה לשוקי חוץ לארץ (בזה"ז) שאין "כל העולם" רצים להכין לשבת, וצ"ע. ולכאורה אם נאמר דמותר משום שמנהג העולם היה כך, יש להתירו אפילו אם לא רץ לצורך מצוה כלל, ומשמע מהראשונים הנ"ל (רמב"ם, רא"ש ונימוק"י) שאינו מותר אלא אם רץ לצורך מצוה ממש.

שניהם רצים

תוספות ד"ה שנים - הגהות הגר"א - ויש לעיין בגמרא שהביאו (דף מח:) וברש"י ותוספות שם. ופירש"י שהחילוק הוא בין הזיק בידים להוזק ממילא, בלי מעשה. ואין שום חילוק בכונת האדם, משום שאדם מועד לעולם ואין לחלק בין בכונה ללא בכונה. וגדר דין זה הוא שאם אין "מעשה היזק" אין לחייבו, והכל תלוי בגדר המעשה, ולא תלוי בכלל בכונת האדם, כיון דאדם מועד לעולם. מאידך, עיין ברמב"ם (פ"ו מהל' חובל ה"ג, ופ"א מהל' חובל הט"ז) ובלחם משנה (שם, א:ט"ז) ובראב"ד (שם, ו:ג), ומבואר ברמב"ם שפירש "הוזקו" כלא מתכוין, ויוצא דאם נכנס ניזק שלא ברשות שחייב רק במתכוין, ובלחם משנה ביאר שיש לישב את שתי הסוגיות בפשיטות לפי הרמב"ם.[3]

[3] This is a good opportunity to teach the skill of noticing two different סוגיות that seem to contradict each other and seeing how different מפרשים deal with the question. Some interpret one in light of the

יוצא מהנ״ל שתוספות סוברים שיש לפוטרו מתשלומי נזק מדין ״איהו דאזיק אנפשיה״, משא״כ לרש״י, שלא פטר אותו אלא אם לא עשה מעשה היזק בכלל.[4] [יוצא שהולכים התוספות לפי שיטתם שאע״פ שאדם מועד לעולם, אונס גמור פטור, וממילא איכפת לן בכונת האדם, אבל הלכו התוס׳ כאן כשיטת הרמב״ן במה שפטרו אותו על פי הסברא של ״איהו דאזיק אנפשיה״.]

other, while others assume that the סוגיות are arguing. Different kinds of resolutions are offered by different ראשונים and אחרונים.

[4] This can be compared to the legal concepts of comparative negligence vs. contributory negligence.

מסכת בבא קמא דף לב.-לב:

מתני' שנים שהיו מהלכין ברה"ר אחד רץ ואחד מהלך או שהיו שניהם רצין והזיקו זה את זה שניהם פטורין **גמ'** מתני' דלא כאיסי בן יהודה דתניא איסי בן יהודה אומר רץ חייב מפני שהוא משונה ומודה איסי בע"ש בין השמשות שהוא פטור מפני שרץ ברשות א"ר יוחנן הלכה כאיסי בן יהודה ומי אמר רבי יוחנן הכי והאמר ר' יוחנן הלכה כסתם משנה ותנן אחד רץ ואחד מהלך או שהיו שניהם רצין פטורין מתני' בע"ש בין השמשות ממאי מדקתני או שהיו שניהם רצין פטורין הא תו ל"ל השתא אחד רץ ואחד מהלך פטור שניהם רצין מבעיא אלא הכי קאמר אחד רץ ואחד מהלך פטור בד"א בע"ש בין השמשות אבל בחול אחד רץ ואחד מהלך חייב שניהם רצין אפי' בחול פטורין אמר מר ומודה איסי בע"ש בין השמשות שהוא פטור מפני שרץ ברשות בע"ש מאי ברשות איכא כדר' חנינא דאמר ר' חנינא **[דף לב:]** בואו ונצא לקראת כלה מלכתא ואמרי לה לקראת שבת כלה מלכתא רבי ינאי מתעטף וקאי ואמר בואי כלה בואי כלה

רמב"ם הלכות שבת פרק ל הלכה ב

איזהו כבוד זה שאמרו חכמים שמצוה על אדם לרחוץ פניו ידיו ורגליו בחמין בערב שבת מפני כבוד השבת ומתעטף בציצית ויושב בכובד ראש מיחל להקבלת פני השבת כמו שהוא יוצא לקראת המלך, וחכמים הראשונים היו מקבצין תלמידיהן בערב שבת ומתעטפים ואומרים בואו ונצא לקראת שבת המלך.

מהרש"א חידושי אגדות מסכת בבא קמא דף לב:

בואו ונצא לקראת כלה כו'. קרא השבת כלה ע"פ מ"ש לכל יש בן זוג ולי לא נתת בן זוג א"ל כנסת ישראל יהיה בן זוגך כו' והשבת גופיה היא כנשואה לישראל אבל בפניא דמעלי שבתא היא כהכנסת כלה לחופה וכמו שע"י הקדושין בהכנסתה לחופה נעשית הכלה נשואה כן השבת בהכנסתו בקידוש היום נעשית כנשואה לישראל וקראה מלכתא שהיא כלת המלך דכל ישראל בני מלכים הם ולזה אמר ר"ח בפניא דמעלי שבתא דהיינו בע"ש קודם כניסתה בואו ונצא לקראת כו' דדרך החתן לצאת לקראת הכלה כמ"ש ה' מסיני בא יצא לקראתם כו' כחתן היוצא להקביל פני הכלה כו' כפרש"י פרשת וזאת הברכה. ואמר דרבי ינאי מדה אחרת היתה לו שלא אמר נצא לקראתה ואדרבה הוה קאי ועומד במקומו והיינו דבכניסתה אמר בואי כלה כו' שהכלה תבא אליו כדרך הכלה אחר כניסתה לחופה שתבא מבית אביה לבית בעלה ולזה כפל הענין בואי כלה בואי כלה דר"ל בואי כלה לחופה ואח"כ בואי כלה לבית בעלך וק"ל:

דברים פרק לג פסוק ב

וַיֹּאמַר יְקֹוָק מִסִּינַי בָּא וְזָרַח מִשֵּׂעִיר לָמוֹ הוֹפִיעַ מֵהַר פָּארָן וְאָתָה מֵרִבְבֹת קֹדֶשׁ מִימִינוֹ <אשדת> אֵשׁ דָּת לָמוֹ:

רש"י דברים פרק לג פסוק ב

מסיני בא - יצא לקראתם כשבאו להתיצב בתחתית ההר כחתן היוצא להקביל פני כלה, שנאמר (שמות יט, יז) לקראת האלהים, למדנו שיצא כנגדם:

<u>**מסכת פסחים דף קב:-קג.**</u>

גופא יום טוב שחל להיות אחר השבת רב אמר יקנ"ה ושמואל אמר ינה"ק ורבה אמר יהנ"ק ולוי אמר קני"ה ורבנן אמרי קינ"ה מר בריה דרבנא אמר נקי"ה מרתא אמר משמיה דרבי יהושע ניה"ק שלח ליה אבוה דשמואל לרבי ילמדנו רבינו סדר הבדלות היאך שלח ליה כך אמר רבי ישמעאל בר רבי יוסי שאמר משום אביו שאמר משום רבי יהושע בן חנניה נהי"ק אמר רבי חנינא משל דרבי יהושע בן חנניה למלך שיוצא ואפרכוס נכנס מלוין את המלך ואחר כך יוצאים לקראת אפרכוס מאי הוי עלה אביי אמר יקזנ"ה ורבא אמר יקנה"ז והילכתא כרבא

<u>**מסכת שבת דף קיט:**</u>

אמר רבי אלעזר לעולם יסדר אדם שלחנו בערב שבת אף על פי שאינו צריך אלא לכזית ואמר רבי חנינא לעולם יסדר אדם שלחנו במוצאי שבת אף על פי שאינו צריך אלא לכזית

<u>**רש"י מסכת שבת דף קיט:**</u>

במוצאי שבת - נמי כבוד שבת ללוות ביציאתו דרך כבוד, כאדם המלוה את המלך בצאתו מן העיר.

<u>**נימוקי יוסף מסכת בבא קמא דף טו:**</u>

שהוא רץ ברשות. לצורך המצוה דבעי למזבן צרכי שבת ומשום הכי מה שהיה בחול משונה בע"ש הוא ברשות וא"כ ל"ש מהלכים זה לקראת זה או זה אחר זה פטורים אבל שניהם רצין דפטורים בחול משום דתרוייהו כי הדדי ל"ש ברשות או שלא ברשות כדאמרן אם כן איכא לאיפלוגי כדפלגינן גבי זה בא בחביתו וזה בקורתו בין מהלכין זה לקראת זה או זה אחר זה או מיהר האחרון או עמד ראשון וכתב הרמ"ה ז"ל דהא דפטרי בערב שבת הני מילי היכא דאיכא למימר דרהיט לצרכי שבת ואפילו בסתמא לצרכי שבת דיינינן ליה דזיל בתר רובא דברייתא דקתני סתמא פטור הכי משמע ואפילו לא נקיט מידי בידיה דהא בעי' למימר עשרתן ערבתן או לממשא פניו ידיו ורגליו או לשנויי כסותיה אבל אי בריר לן דלא רהיט אלא לשאר צרכיו דלא שייכו בהו צרכי שבת כבחול דמי וחייב ובגמ' [דף לב ב] מייתי הא דר' חנינא מיעטף וקאי אפניא דמעלי שבתא ואמר בואו ונצא לקראת שבת מלכתא רבי ינאי מרקיד ואזיל מרקיד ואתי ואמר בואי כלה לומר דכי האי נמי רהיט לצרכי שבת משום שהוא לכבודו כ"ש כשרהיט לצורך קיום שבת דכתיב בקרא:

<u>**רא"ש מסכת בבא קמא פרק ג סימן יא**</u>

גמ' תני איסי בן יהודה רץ חייב מפני שהוא משנה. ומודה איסי ברץ בע"ש בין השמשות שפטור. שרץ ברשות למהר לטרוח ולהכין לכבוד שבת. ואם היו שניהם רצין [אפילו בחול] והזיקו זה את זה שלא בכוונה שניהם פטורין. וכן הלכה:

<u>**תוספות יום טוב בבא קמא פרק ג משנה ו**</u>

אחד רץ ואחד מהלך - כתב הר"ב מתניתין חסורי מחסרא והכי קתני בע"ש וי"ט וכו' וכן לשון הרמב"ם בפירושו. אבל בגמרא קאמר נמי בין השמשות. וכן לשונו בחבורו פ"ו מהלכות חובל ומזיק. ומ"ש הר"ב

שהלך לדבר מצוה להכין לצרכי שבת. ובסתמא לצרכי שבת דיינין ליה. דזיל בתר רובא ואפילו לא נקט מידי בידיה. דהא [בעי] למימר עשרתן ערבתן וכו'. או למימשא פניו ידיו ורגליו. או לשנויי כסותיה. אבל אי בריר לן דלא רהיט אלא לשאר צרכיו דלא שייכי בהו צרכי שבת. כבחול דמי. כן כתב נ"י בשם הרמ"ה. ולשון הרמב"ם בחבורו [שם] שברשות הוא רץ כדי שלא תכנס שבת והוא אינו פנוי. ע"כ. משמע דאע"פ שלשאר צרכיו רץ. הוא מצוה לכבוד שבת וברשות רץ. שמפני כן רץ למהר לעשות. והשתא ניחא טפי דלכל רץ פטרינן דהא סתמא תנן. ובש"ע סימן שע"ח העתיק המחבר לשון הרמב"ם. ובסעיף שאחריו העתיק המגיה לשון נמוקי יוסף לפרש ולא לחלוק. אבל נראה וודאי דחולקין הן:

<u>סמ"ע סימן שעח [יא]</u>

מפני שרץ ברשות. ז"ל הרמב"ם פרק (ב') [ו'] דחובל [ה"ט] דרץ ברשות כדי שלא תכנס שבת והוא אינו פנוי, עכ"ל. ולשון זה משמע לכאורה אפילו רץ בעסקיו לגומרם קודם שבת מיקרי ברשות, אבל ממ"ש מור"ם אחר זה מוכח דס"ל דוקא דרץ בעסקי צרכי שבת מיקרי ברשות, ועיין פרישה [סעיף ח']:

<u>רמב"ם הלכות חובל ומזיק פרק ו הלכה ט</u>

שנים שהיו מהלכין ברשות הרבים אחד רץ ואחד מהלך והוזק אחד מהן בחבירו שלא בכוונה, זה הרץ חייב מפני שהוא משנה, ואם היה ערב שבת בין השמשות פטור מפני שהוא רץ ברשות כדי שלא תכנס השבת והוא אינו פנוי, היו שניהם רצים והוזקו זה בזה שניהם פטורין ואפילו בשאר הימים.

<u>שולחן ערוך חושן משפט סימן שעח סעיף ח</u>

היה אחד רץ ואחד מהלך, והוזק המהלך ברץ, חייב, מפני שרץ שלא ברשות. בד"א, בחול. אבל בע"ש בין השמשות, פטור, מפני שרץ ברשות. (ודוקא בסתם, דתלינן דרץ לצורך שבת. אבל אם ידוע שאינו רץ אלא לשאר חפציו, ולא שייכא ביה צורך שבת, חייב כמו בחול) (ר"ן פרק המניח).

<u>תוספות מסכת בבא קמא דף לב.</u>

שנים שהיו מהלכין וכו' והזיקו זה את זה פטורין - שכל אחד גרם לעצמו חבלה זו ולא הזיקו ממש במתכוין אלא כלומר הוזקו זה בזה כדאמרי' בהפרה (לקמן דף מח: ושם) שניהם ברשות שניהם שלא ברשות הזיקו זה את זה חייבין הוזקו זה בזה פטורין.

<u>הגהות הגר"א בבא קמא דף לב.</u>

תוס' ד"ה שנים כו' ולא הזיקו כו'. נ"ב והרמ"ה כתב דהזיקו ממש ופטורים הואיל ותרוויהו עבדי מעשה:

<u>מסכת בבא קמא דף מח:</u>

שניהם ברשות או שניהם שלא ברשות הזיקו זה את זה חייבין הוזקו זה בזה פטורין טעמא דשניהם ברשות או שניהם שלא ברשות אבל אחד ברשות ואחד שלא ברשות דברשות פטור שלא ברשות חייב

רש"י מסכת בבא קמא דף מח:

שניהם ברשות - כגון ברה"ר או חצר השותפין או שנתן לו בעל הבית רשות ליכנס. **או שניהן שלא ברשות** - כגון שניהן רצין ברה"ר. **הזיקו** - בידים זה את זה ואפי' שלא במתכוין. **חייבין** - דבנזקין לא שני לן בין מתכוין לשאין מתכוין והא דתנן בהמניח (לעיל בבא קמא דף לב) שנים שהיו מהלכין ברה"ר והזיקו זה את זה פטורין ההוא הזיקו הוזקו הוא ולא דק בלישניה.

תוספות מסכת בבא קמא דף מח:

שניהם ברשות - פ"ה כגון ברה"ר שלא ברשות כגון ששניהם רצים ברה"ר וקשה דהיינו מתניתין בפרק המניח (לעיל דף לב.) ונראה לפרש כגון שנכנס לחצר בע"ה שלא ברשות או ברשות דאית ליה לאסוקי אדעתיה כמו שנתנו לו רשות כמו כן נתנו לאחר רשות או כמו שהוא נכנס שלא ברשות שמא גם אחר נכנס שלא ברשות ולכך חייבין כשהזיקו זה את זה אפי' הזיקו שלא מדעת אבל אחד ברשות ואחד שלא ברשות האי אית ליה לאסוקי אדעתיה בהאי והאי לית ליה לאסוקי אדעתיה בהאי ואם שלא מדעת הזיקו ברשות פטור שלא ברשות חייב.

רמב"ם הלכות חובל ומזיק פרק ו הלכה ג

במה דברים אמורים ברשות הניזק אבל ברשות המזיק אינו חייב לשלם אלא אם הזיק בזדון אבל בשגגה או באונס פטור, וכן אם היו שניהן ברשות או שניהן שלא ברשות והזיק אחד מהן ממון חבירו שלא בכוונה פטור. **השגת הראב"ד** וכן אם היו שניהן ברשות או שניהם שלא ברשות והזיק אחד מהן ממון חברו שלא בכוונה פטור. **א"א** דין זה אינו מחוור דאפילו שניהם ברשות או שלא ברשות ולא הוה ידע ביה אם הזיקו חייבין אבל הוזקו זה בזה פטורין.

רמב"ם הלכות חובל ומזיק פרק א הלכה טז

המזיק את חבירו בכוונה בכל מקום חייב בחמשה דברים, ואפילו נכנס לרשות חבירו שלא ברשות והזיקו בעל הבית חייב, שאע"פ שיש לו רשות להוציאו אין לו רשות להזיקו, אבל אם הוזק זה שנכנס בבעל הבית הרי בעל הבית פטור, ואם הוזק בו בעל הבית חייב מפני שנכנס שלא ברשות, היו שניהם ברשות או שניהם שלא ברשות והוזקו זה בזה שניהם פטורין.

לחם משנה הלכות חובל ומזיק פרק א הלכה טז

המזיק את חבירו בכוונה. בפ' שור שנגח ד' וה' אמרו ואמר רבא נכנס לחצר בעה"ב שלא ברשות והזיק את בעה"ב או בעה"ב הוזק בו חייב הזיקו בעה"ב פטור א"ר פפא לא אמרן אלא דלא הוה ידע ביה אבל הוה ידע ביה הזיק בעה"ב חייב מ"ט וכו'. ואזדא לטעמיה דאמר רבא ואיתימא רב פפא שניהם ברשות ושניהם שלא ברשות הזיקו זה את זה חייבים הוזקו זה בזה פטורין ע"כ. ומדברי רבינו ז"ל כפי מה שפירשו ה"ה ז"ל כאן ובפ"ו נראה שהוא מפרש מ"ש דלא ידע אינו רוצה לומר דלא ראה לזה שנכנס אצלו כדפירש רש"י ז"ל אלא אפי' ראהו כיון שהיה כן כי שלא בכוונה הזיקו בעה"ב אבל כשידע דהיינו שהזיקו בכוונה חייב אע"ג דנכנס האחר שלא ברשות ומ"ש במימרא דשניהם ברשות וכו' הזיקו זה את זה חייבים הוזקו פטורים לאו דוקא הוזקו לחוד דאפילו הזיקו נמי אם היה שלא בכוונה פטורים והזיקו שלא בכוונה הוי כהוזקו ולפי זה מתני'

דשנים שהיו מהלכין בדרך והזיקו זה את זה פטורין מצינן לאוקמה כפשטה דהוי הזיקו ולא כדדחי רש"י ז"ל דמוקי לה בהוזק ולא דק בלישניה אלא נימא דדק והך הזיקו איירי דהזיקו שלא בכוונה ולכך פטורים והזיקו דחייבים דקאמר רבא בהך מימרא הוי דהזיק בכוונה. ולפי פירוש זה כי אמרינן טעמא דשניהם ברשות או שלא ברשות אבל אחד ברשות וכו' לא קאי ארישא דמימרא דהזיקו זה את זה שהם חייבים דכיון דהזיקו זה את זה בכוונה אפילו שאחד ברשות ואחד שלא ברשות והזיקו ההוא שברשות לשלא ברשות חייב כדאמרינן גבי בעה"ב דהיכא דידע ר"ל דהזיק בכוונה אע"פ שהאחר נכנס שלא ברשות חייב אלא אסיפא דמימרא קאי דקאמר הוזקו זה בזה פטורים והוא הדין הזיקו זה את זה שלא בכוונה ובהא קאמר דהיינו טעמא דשניהם פטורים משום דשניהם שוים אבל אם האחד ברשות והאחד שלא ברשות אותו שלא ברשות חייב אע"ג דהזיק שלא בכוונה וכדאמרו לעיל דכשהוזק בעה"ב חייב אע"פ שהיה שלא בכוונה מפני שנכנס שלא ברשות. זהו דרכו של רבינו ז"ל אבל לרש"י ז"ל דרך אחרת דסובר דפירוש ולא ידע ר"ל שלא ראהו בעה"ב לזה שנכנס שלא ברשות ולכך פטור אבל ידע כלומר דראה אע"פ שהזיק שלא בכוונה חייב דלא שאני לן בנזיקין בין היזק שלא בכוונה להיזק בכוונה והזיקו זה את זה חייבים דקאמר רבא במימרא דשניהם ברשות וכו' הוי בין הזיקו בכוונה בין הזיקו שלא בכוונה והוזקו ממילא לחוד הוא דפטורים. ולפי פירוש זה טעמא דקאמר בגמרא אכולה מימרא קאי ארישא ואסיפא והכי קאמר טעמא דברישא הזיקו זה את זה חייבים ובסיפא פטורים משום דשניהם ברשות אבל האחד ברשות והאחד שלא ברשות ולא ידע ליה ההוא דברשות אז בכל גוונא פטור ההוא דברשות אפי' הזיקו בידים וההוא דשלא ברשות חייב אפילו הזיקו ממילא ולפירושו צריך לדחוק דמתני' דשנים מהלכים ברה"ר והזיקו זה את זה דלאו דוקא הזיקו אלא הוזקו זה בזה ולא דק בלישניה. ודברי הטור בריש הלכות נזקין תמוהים אצלי דמתחלה נראה דנטה לפירוש הרמב"ם שכתב ומיהו דוקא במזיקו במזיד אבל אם בשוגג הזיק בו פטור בעה"ב משמע דמפרש פירוש ידע ולא ידע דהיינו אם הזיקו בכוונה או שלא בכוונה כפירוש רבינו ז"ל ואחרי כן כתב היו שניהם ברשות וכו' אם לא ידעו זה בזה שלא ראו זה את זה פטורים ראו זה את זה אע"פ שלא כיוונו חייבים וכו' והיינו כפירוש רש"י ז"ל דפירש ידע הוי דראה שנכנס דממאמר לא שנו בדלא ידע וכו' נפקא ליה הא לטור ז"ל גבי שניהם ברשות וכו' דהא דבגמ' מדמה להו א"כ נראה משם דמפרש כפירוש רש"י ז"ל ונמצאו דבריו הראשונים סותרים לאחרונים דצ"ע. ודברי הרמ"ה שכתב הטור ז"ל נראים כפירוש רש"י ז"ל שכתב וכתב הרמ"ה ז"ל דוקא שלא ידע בעה"ב שנכנס בו וכו' משמע בהדיא כפירוש רש"י ז"ל אלא שיש לדקדק בדברי הרמ"ה ז"ל שנראה שהוא מפרש דמאי דקאמר בגמרא לא שני דלא ידע וכו' קאי נמי אבעה"ב שהוזק בו וה"ק לא שנו דהוזק בו בעה"ב חייב ואם הזיקו בעל הבית פטור אלא בשלא ידע בו בעה"ב אבל אם ידע בו בעה"ב אז אם הוזק בו בעה"ב פטור ואם הזיקו חייב ולכך כתב כן הטור בשמו ובסימן תכ"א כתב דהיכא דידע בו בעה"ב דפטור האחר כשהוזק בו וא"כ קשה אמאי אמרה למילתיה אסיפא ולא ארישא דקתני אבל ידע בו בעה"ב אם הזיקו חייב לימא נמי ואם הוזק בו בעה"ב פטור דהיינו רישא דמילתא וטפי הוה ליה למימר למלתיה ארישא מאסיפא. וי"ל דהך הזיקו דחייב בעה"ב כשידע בו הוא אפי' הזיקו שלא בכוונה כפירש"י ז"ל וכיון שכן רבותא אשמעינן טובא דאע"ג דהזיק שלא בכוונה הוא חייב לשלם כיון דידע ביה וכ"ש היכא דהוזק באחר דהאחר פטור ולא מפקינן מיניה ממונא כיון דידע ביה בעה"ב ולא נזהר בו כיון דמהני כ"כ ידע לאפוקי מבעה"ב ממונא ולחייבו היכא דהזיקו אפילו שלא בכוונה:

11. המזיק מרשות לרשות (דף לב:)

[אולי יש לדלג סוגיא זו][1]

יש ללמוד את המשנה בדף לב: והגמרא עד שורה 14 ("צריכא").

<u>המשנה</u> – "חייב" – עיין <u>בנמוקי יוסף</u> (דף טו: בדפי הרי"ף) שפירש שחייב מדין אדם המזיק משום דכחו הוא שהזיק, ולכן חייב אפילו באונס.

• בגמ' פירשו דהוה אמינא דפטור אם הזיק לרה"י משום דלא שכיחי רבים שם. כלומר, הוי כאנוס. ולכאורה ההוא אמינא מובן רק לפי שיטת <u>התוספות</u> דאדם המזיק פטור על אונס גמור.

• בגמ' פירשו דיותר מסתבר לומר שחייב מרשה"ר משום "שמעיקרא שלא ברשות". ולכאורה יש לבאר את כונת הגמ'. ונראה דלכך אין לו טענת אונס, משום שפשע לגבי רשות הרבים, ודמי לדין ד"תחילתו בפשיעה וסופו באונס" (<u>בבא מציעא</u> דף מב.).

---

[1] There are no particularly new skills or concepts that are introduced in this סוגיא, and students might be ready to move on to a new topic.

<u>מסכת בבא קמא דף לב:</u>

מתני' המבקע ברה"ר והזיק ברה"י ברה"י והזיק ברה"ר ברה"י והזיק ברה"י אחר חייב

גמ' וצריכא דאי תנא המבקע ברה"י והזיק ברה"ר משום דשכיחי רבים אבל מרה"ר לרה"י דלא שכיחי רבים אימא לא ואי תנא מרה"ר לרה"י משום דמעיקרא שלא ברשות עביד אבל מרשות היחיד לרה"ר דברשות עביד אימא לא ואי תנא הנך תרתי הא משום דשכיחי רבים והא משום דשלא ברשות אבל מרה"י לרה"י אחר דלא שכיחי רבים ומעיקרא ברשות אימא לא צריכא

<u>נימוקי יוסף מסכת בבא קמא דף טו:</u>

[מתני'] והזיק. שניתזה חתיכה מן העץ המתבקע או נשל הברזל מן העץ: **רשות הרבים.** מקום שאין לו רשות לבקע שם: **והזיק ברה"י.** מקום שיש לו רשות לניזק שם: **חייב.** נזק שלם דכחו הוא וכגופו דמי וקי"ל דאדם מועד לעולם:

<u>מסכת בבא מציעא דף מב.</u>

ההוא גברא דאפקיד זוזי גבי חבריה, אותבינהו בצריפא דאורבני, איגנוב. אמר רב יוסף: אף על גב דלענין גנבי נטירותא היא, לענין נורא - פשיעותא היא, הוה תחילתו בפשיעה וסופו באונס - חייב. ואיכא דאמרי: אף על גב דלענין נורא פשיעותא היא, לענין גנבי נטירותא היא, ותחלתו בפשיעה וסופו באונס - פטור. והילכתא: תחילתו בפשיעה וסופו באונס - חייב.

12. רוצח בשוגג (דף לב:-לג.)

[אולי יש לדלג סוגיא זו]

יש ללמוד את הגמרא מדף לב: שורה 15 עד דף לג. שורה 23 (עד המשנה).

המקור בתורה: יש להקדים בלימוד הפסוקים בחומש (דברים יט:ה).

המשנה – תוספות ד"ה זה שלדעת. ועיין בגמרא שהביאו מדף מח., ובתוס' שם ד"ה הזיקו.

שליחות לדבר עבירה

בגמרא – "הוסיף לו רצועה אחת ומת הרי זה גולה...דטעה דיינא גופיה."

- מבואר בגמ' דבכה"ג חייב השליח ב"ד גלות, והדיין פטור. ועיין בקצות החושן (שמח:ד) שהביא ראיה מכאן דאפילו כששליח שוגג אמרינן אין שליח לדבר עבירה, ולהכי חייב השליח, והדיין פטור. והיינו כנגד שיטת התוספות (קידושין מב: ד"ה אמאי, ובעוד מקומות) דס"ל דבכה"ג יש שליח לדבר עבירה, דלא שייך הסברא של "דברי הרב ודברי התלמיד דברי מי שומעין" כיון שלא ידע השליח.[1]

- עיין ברמב"ם (פט"ז מהלכות סנהדרין הלכה יב) שהביא את הדין הזה, ולא הזכיר את הפרט שטעה הדיין. ועיין במאירי שביאר משום שאין בזה נ"מ להלכה, אלא ביאור בעלמא, איך יקרה שיטעה במנין. [ועוד יש לומר שהשמיט הרמב"ם את זה משום שפסק כתוס' (הנ"ל) שאם השליח שוגג אומרים יש שליח לדבר עבירה, והגמ' הניחה דבכה"ג יש שליח (וכמש"כ הש"ך), אך לא קי"ל הכי, ולפי ההלכה יש לאוקמה בכה"ג שהדיין לא טעה,

[1] This is a good opportunity to expose students to the general concepts of שליחות and שליחות לדבר עבירה.

והשליח טעה בשוגג. ובאמת כ"כ <u>האבי עזרי</u> (פ"ז מהל' מעילה ה"ה) שדעת הרמב"ם כדעת התוס', אך <u>הנודע ביהודה</u> (קמא, אה"ע סי' פ) כתב להיפך.]

דרך אגב: – בהמשך דברי הרמב"ם בהלכה הזאת הזכיר את האיסור להכות לכל אדם.

דברים פרק יט פסוק ה

וַאֲשֶׁר יָבֹא אֶת רֵעֵהוּ בַיַּעַר לַחְטֹב עֵצִים וְנִדְּחָה יָדוֹ בַגַּרְזֶן לִכְרֹת הָעֵץ וְנָשַׁל הַבַּרְזֶל מִן הָעֵץ וּמָצָא אֶת רֵעֵהוּ וָמֵת הוּא יָנוּס אֶל אַחַת הֶעָרִים הָאֵלֶּה וָחָי:

מסכת בבא קמא דף לב:-לג.

ת"ר הנכנס לחנותו של נגר שלא ברשות ונתזה בקעת וטפחה על פניו ומת פטור ואם נכנס ברשות חייב מאי חייב א"ר יוסי בר חנינא חייב בד' דברים ופטור מגלות לפי שאין דומה ליער יער זה לרשותו נכנס וזה לרשותו נכנס זה לרשות חבירו נכנס אמר רבא ק"ו ומה יער זה לדעתו נכנס וזה לדעתו נכנס נעשה כמי שנכנס לדעת חבירו וגולה זה שלדעת חבירו נכנס לא כל שכן אלא אמר רבא מאי פטור מגלות דלא סגי ליה בגלות והיינו טעמא דרבי יוסי בר חנינא משום דהוי ליה שוגג קרוב למזיד מתיב רבא הוסיף לו רצועה אחת ומת הרי זה גולה על ידו והא הכא דשוגג קרוב למזיד הוא דאיבעי אסוקי אדעתיה דמייתי אינשי בחדא רצועה וקתני הרי זה גולה אמר רב שימי מנהרדעא דטעי במנינא טפח ליה רבא בסנדליה אמר ליה אטו הוא מני והתניא גדול שבדיינין קורא והשני מונה והשלישי אומר הכהו אלא אמר רב שימי מנהרדעא דטעה דיינא גופיה מיתיבי הזורק את האבן לרה"ר והרג הרי זה גולה והא הכא דשוגג קרוב למזיד הוא דאיבעי ליה אסוקי אדעתיה דברה"ר שכיחי אינשי וקתני הרי זה גולה אמר רב שמואל בר יצחק בסותר את כותלו איבעי ליה עיוני בסותר בלילה בלילה נמי איבעי ליה עיוני בסותר את כותלו ביום לאשפה האי אשפה ה"ד אי דשכיחי רבים מזיד הוא ואי לא שכיחי רבים אנוס הוא אמר רב פפא [לא צריכא אלא] באשפה העשויה להפנות בלילה ואינה עשויה להפנות ביום ואיכא דמיקרי ויתיב מזיד לא הוי דהא אינה עשויה להפנות ביום אנוס נמי לא הוי דהא איכא דמיקרי ויתיב רב פפא משמיה דרבא מתני לה ארישא הנכנס לחנותו של נגר שלא ברשות ונתזה לו בקעת וטפחה לו על פניו ומת פטור אמר רבי יוסי בר חנינא חייב בארבעה דברים ופטור מגלות מאן דמתני לה אסיפא כ"ש ארישא ומאן דמתני לה ארישא אבל אסיפא כיון דברשות חייב גלות ומי חייב גלות והתניא הנכנס לחנותו של נפח ונתזה ניצוצות וטפחה לו על פניו ומת פטור ואפילו נכנס ברשות הכא במאי עסקינן בשוליא דנפחי שוליא דנפחי למקטלא קאי כשרבו מסרהב בו לצאת ואינו יוצא ומשום דרבו מסרהב בו לצאת למיקטליה קאי כסבור יצא אי הכי אחר נמי **[דף לג.]** אחר לית ליה אימתא דרביה האי אית ליה אימתא דרביה רב זביד משמיה דרבא מתני לה אהא ומצא פרט לממציא את עצמו מכאן א"ר אליעזר בן יעקב מי שיצתה אבן מתחת ידו והוציא הלה את ראשו וקיבלה פטור א"ר יוסי בר חנינא פטור מגלות וחייב בארבעה דברים מאן דמתני לה אהא כ"ש אקמייתא ומאן דמתני לה אקמייתא אבל אהא פטור לגמרי ת"ר פועלים שבאו לתבוע שכרן מבעל הבית ונגחן שורו של בעל הבית ונשכן כלבו של בעה"ב ומת פטור אחרים אומרים רשאין פועלין לתבוע שכרן מבעל הבית ה"ד אי דשכיח במתא מ"ט דאחרים אי דשכיח בבית מ"ט דת"ק לא צריכא בגברא דשכיח ולא שכיח וקרי אבבא ואמר להו אין מר סבר אין עול תא משמע ומ"ס אין קום אדוכתך משמע תניא כמ"ד אין קום אדוכתך משמע דתניא פועל שנכנס לתבוע שכרו מבעה"ב ונגחו שורו של בעה"ב או נשכו כלבו פטור אע"פ שנכנס ברשות אמאי פטור אלא לאו דקרי אבבא ואמר ליה אין וש"מ אין קום אדוכתך משמע

דברים פרק יט

(א) כִּי יַכְרִית יְקֹוָק אֱלֹהֶיךָ אֶת הַגּוֹיִם אֲשֶׁר יְקֹוָק אֱלֹהֶיךָ נֹתֵן לְךָ אֶת אַרְצָם וִירִשְׁתָּם וְיָשַׁבְתָּ בְעָרֵיהֶם וּבְבָתֵּיהֶם: (ב) שָׁלוֹשׁ עָרִים תַּבְדִּיל לָךְ בְּתוֹךְ אַרְצְךָ אֲשֶׁר יְקֹוָק אֱלֹהֶיךָ נֹתֵן לְךָ לְרִשְׁתָּהּ: (ג) תָּכִין לְךָ הַדֶּרֶךְ וְשִׁלַּשְׁתָּ אֶת גְּבוּל אַרְצְךָ אֲשֶׁר יַנְחִילְךָ יְקֹוָק אֱלֹהֶיךָ וְהָיָה לָנוּס שָׁמָּה כָּל רֹצֵחַ: (ד) וְזֶה דְּבַר הָרֹצֵחַ אֲשֶׁר יָנוּס שָׁמָּה וָחָי אֲשֶׁר יַכֶּה אֶת רֵעֵהוּ בִּבְלִי דַעַת וְהוּא לֹא שֹׂנֵא לוֹ מִתְּמֹל שִׁלְשֹׁם: (ה) וַאֲשֶׁר יָבֹא אֶת רֵעֵהוּ בַיַּעַר לַחְטֹב עֵצִים וְנִדְּחָה יָדוֹ בַגַּרְזֶן לִכְרֹת הָעֵץ וְנָשַׁל הַבַּרְזֶל מִן הָעֵץ וּמָצָא אֶת רֵעֵהוּ וָמֵת הוּא יָנוּס אֶל אַחַת הֶעָרִים הָאֵלֶּה וָחָי: (ו) פֶּן יִרְדֹּף גֹּאֵל הַדָּם אַחֲרֵי הָרֹצֵחַ כִּי יֵחַם לְבָבוֹ וְהִשִּׂיגוֹ כִּי יִרְבֶּה הַדֶּרֶךְ וְהִכָּהוּ נָפֶשׁ וְלוֹ אֵין מִשְׁפַּט מָוֶת כִּי לֹא שֹׂנֵא הוּא לוֹ מִתְּמוֹל שִׁלְשׁוֹם: (ז) עַל כֵּן אָנֹכִי מְצַוְּךָ לֵאמֹר שָׁלֹשׁ עָרִים תַּבְדִּיל לָךְ:

תוספות מסכת בבא קמא דף לב:

זה שלדעת חבירו נכנס - משמע דאיירי כשראהו נכנס וא"ת בשלא ברשות אמאי פטור כיון שראהו שנכנס הא אמרינן בפ' הפרה (לקמן מח. ושם ד"ה היזקו) הנכנס לחצר בעל הבית שלא ברשות דאפי' בעל הבית הזיקו חייב אי הוה ידע ביה ואפילו שלא בכוונה דומיא דלא הוה ידע דפטור התם וי"ל הא דקתני רישא פטור היינו מד' דברים אבל נזק חייב וכן פי' בקונטרס א"נ כולה ברייתא בשלא ראהו מ"מ חשיב לדעת חבירו שהיה לו לידע שלא על חנם שאל ממנו רשות אלא משום שרוצה ליכנס.

מסכת בבא קמא דף מח.

ואמר רבא נכנס לחצר בעל הבית שלא ברשות והזיק את בעל הבית או בעל הבית הוזק בו חייב הזיקו בעל הבית פטור

תוספות מסכת בבא קמא דף מח.

הזיקו ב"ה פטור - וא"ת מתניתין היא בפרק המניח (לעיל דף לב: ושם) גבי מבקע דחייב כשמבקע ברה"י והזיק ברה"י אחר אבל הזיק באותו רשות היחיד פטור וי"ל דהוה סלקא דעתך התם משום דאיכא תרי ספיקי שמא לא תהא בקעת נתזת וגם לא יבא שום אדם שם ויוזק.

קצות החושן חושן משפט סימן שמח ס"ק ד

אינו בר חיובא. בפרק מרובה (ב"ק) דף ע"ט (ע"א) תנן היה מושכו ויוצא כו', נתנו לשומר לשואל ולנושא שכר והיה מושכו ויוצא ומת ברשות הבעלים פטור, הגביה או הוציאו מרשות הבעלים חייב. ופירש רש"י שאמר גנב לשומר שור אחד יש לי בבית פלוני קחנו ותהא עליו שומר, הוציאו השומר מרשות בעלים ומת חייב הגנב במשיכת השומר ע"ש. ובתוס' (ד"ה נתנו) הקשו והא אין שליח לדבר עבירה, וכתבו דכיון שאין השומר יודע שהוא גנוב הו"ל כחצר דבע"כ מותיב ביה. וכן כתבו תוספות פ"ק דמציעא דף י' (ע"ב ד"ה אי בעי לא עביד) וכן כתב המרדכי (ב"מ סי' רל"ז). אבל דעת הנימוקי יוסף (ב"ק כט, א בדפי הרי"ף) דאפילו לא ידע השליח נמי אין שליח לדבר עבירה ופטור המשלח. ובש"ך (סק"ו) האריך בזה להוכיח כדברי הנ"י וז"ל, ועוד דע"כ מה שהוציאו כן מהמשנה דפרק מרובה כפי פירוש רש"י אין פירוש המשנה כן, דא"כ למה ליה לתלמודא להקשות פ"ק דמציעא דף (י"א) [י'] (ע"ב) אריש לקיש דאמר חצר משום שליחות אתרבי ומשמע דלר' יוחנן לא קשה מידי, והא בלא"ה תיקשי כן אמתניתין דמרובה אפילו בלא ברייתא דהמצא תמצא כו',

וכמו שמוכרח לתרץ המשנה כן יתורץ דברי ריש לקיש, אלא ודאי אין הפירוש במשנה דמרובה דהמשלח חייב במשיכת השומר אלא כמו שפירשו שאר מפרשים וע"ש.

ואינו מוכרח...

וראיה ברורה נראה דאפילו היכא דלא ידע שליח נמי אין שליח לדבר עבירה מהא דאמרינן בהמניח (ב"ק דף ל"ב (ע"ב) מתיב רבא הוסיף לו רצועה אחת ומת הרי זה גולה על ידו, והא הכא דשוגג קרוב למזיד הוא דאיבעי לאסוקי אדעתיה דמייתי אינשי בחדא רצועה וקתני הרי זה גולה, אמר רב שימי מנהרדעא דטעי במניינא, טפח ליה רבא בסנדליה אמר ליה אטו הוא מני והתניא גדול שבדיינין קורא והשני מונה והשלישי אומר הכהו, אלא אמר רב שימי מנהרדעא דטעה דיינא גופיה וע"ש. ואי נימא דהיכא דהשליח לא ידע שלוחו כמותו אפילו לדבר עבירה א"כ שליח ב"ד אמאי גולה כיון דאינו אלא שליח ב"ד והב"ד הוא המשלחו, ואע"ג דהמשלח נמי לא ידע, וכדמוכח מתוס' פרק האיש מקדש (קידושין מב, ב ד"ה אמאי מעל) שהקשו למה לי קרא גבי מעילה דמשלח מעל תיפוק ליה דשליח לא ידע ע"ש, ואע"ג דהתם המשלח לא ידע, וא"כ התם בשליח ב"ד כיון דאינו אלא שליח ב"ד [אמאי גולה], אלא ודאי דאפילו בשוגג נמי אין שליח לדבר עבירה ומש"ה שליח ב"ד גולה. ואע"ג דבגניבה אם השליח שוגג ודאי פטור השליח, היינו משום דבגניבה אינו מיחייב בשוגג אבל גלות חייב על השוגג והשליח הוא דחייב וזה ראיה ברורה ודו"ק:

__תוספות מסכת קידושין דף מב:__

אמאי מעל נימא אין שליח לדבר עבירה - תימה הא ע"כ מיירי בשוגג דאי במזיד ליכא מעילה דאין מעילה במזיד א"כ יש שליח לדבר עבירה דלא שייך למימר דברי הרב ודברי תלמיד דברי מי שומעים כיון שהוא שוגג דהכי נמי משמע בפ' מרובה (ב"ק דף עט.) דקאמר הרי שגנב טלה מן העדר ואמר לכהן טול טלה זה שהוא שלי או נתנו לכהן לבכורות בנו והראה לו בטלה של חבירו ומסיק דמיד שהוציאו הכהן מרשות בעלים נתחייב הגנב במשיכת הכהן והקשה ר"י התם אמאי חייב הגנב נימא אין שליח לדבר עבירה ותירץ כיון שאין הכהן יודע שהוא בא מגניבה לא שייך למימר דברי מי שומעין ואומר ר"י דהכא מיירי אפי' דנזכר השליח קאמר דמעל בעל הבית והשתא פריך אמאי מעל נימא אין שליח לדבר עבירה דדברי הרב ודברי התלמיד דברי מי שומעין ואע"ג דנזכר השליח מעל בעל הבית כדמוכח במעילה (דף כא.) דתני נזכר בעל הבית ולא נזכר שליח השליח מעל נזכרו שניהם חנוני מעל והטעם לפי דמעילה אינו אלא בשוגג כדפרישית לפיכך מעל אותו שלא נזכר ואותו שנזכר מזיד הוא מ"מ דוקא אם נזכרו שניהם הא אם נזכר השליח לבד בעל הבית מעל.

__רמב"ם הלכות סנהדרין פרק טז הלכה יב__

מת תחת ידו פטור, ואם הוסיף רצועה אחת על האומד ומת הרי החזן גולה, ואם לא מת הרי החזן עבר על מצות לא תעשה שנאמר לא יוסיף, והוא הדין לכל מכה את חבירו שהוא בלא תעשה, ומה אם זה שנתנה תורה רשות להכותו צוה הכתוב שלא להכותו על רשעו קל וחומר לשאר כל האדם, לפיכך כל המכה את חבירו אפילו הכה עבד הכאה שאין בה שוה פרוטה לוקה, אבל אם יש בה שוה פרוטה הואיל והוא חייב לשלם ממון אין אדם משלם ולוקה כמו שביארנו בכמה מקומות.

בית הבחירה למאירי מסכת בבא קמא דף לב:

שליח בית דין שהוא מלקה והוסיף רצועה אחת ומת אינו גולה שהרי קרוב למזיד הוא שהיה לו להעלות על לבו שאדם המוכה הכאה מרובה אף הוא מת לפעמים בתוספת הכאה אחת ואם טעה הדיין במנין ההכאות הרי זה גולה שזהו שוגג הגמור וזה שתלינו טעות המנין בדיין הוא מפני שגדול שבדיינין קורא והשני מונה והשלישי אומר הכהו כמו שיתבאר במקומו וגדולי המחברים כתבו בה שגולה ולא הזכירו בה טעות מנין ושמא סתם הדברים כך הוא ר"ל שהוספתו בטעות מנין היתה ולא ראו עצמם צריכים לפרש:

שו"ת נודע ביהודה מהדורה קמא - אבן העזר סימן פ

ואלה דברי שנית להרב המאור הגדול מוהר"ר הירש הנ"ל בזה"ל.

אחרי דרישת שלומו הטוב. הנה כבר הבטחתיו לעיין בקונטרסו כצאתי מן העיר בהיותי פנוי מטרדות התלמידים וטרדות הצבור בהיותי עוסק ברפואות אז אשנה פרקו נאה. והנה נזדמן שבימים הללו בהיותי חוץ לעיר בא לגבולנו משולח ספרדי אדם הגדול בתורה ליש ולביא. מיום היותי והיו לפני כמה משולחים מארץ הקדושה עדיין לא הוה דכוותיה וכאשר באתי בשבת לעיר היה אצלי והקשה לי איזה דבר הצ"ע בכ"מ ובמו"ש שלחתי לו נייר קטן עם תשובה ויצאתי מן העיר ובין כך כל משך הימים לא פסקו השלוחים ממנו אלי וממני אליו בפלפול רב ועצום ולא היה אפשר לדחותו לזמן אחר כי היה מזומן לדרכו ולכן לא היה לי פנאי כל הצורך להשיב על דברי מעלתו ע"פ סדר קונטרסו ואעפ"כ כיון שאמרתי אשנה פרק זה ליתא בחזרה. ועברתי על דברי מעלתו במרוצה ונחיצה ויקבל תשובתי. והנני בורח מן האריכות ומה שאינו לגוף הדין לא אפלפל בדבריו רק מה שנוגע לדין. וזה החלי.

(א) מה שרצה מעלתו לעקור תחומי התוס' שכתבו בב"מ דף יו"ד /י'/ ע"ב בד"ה דאמר לישראל וכו' דאם אמר לכהן מקרי בר חיובא ורצה מעלתו לומר דהיינו דוקא למאן דיליף אין שליח לד"ע מהוא ההוא שהוא גזירת הכתוב ולא משגחינן בטעמא דקרא אבל מאן דלא דריש הוא ההוא ויליף אין שליח לד"ע מטעם שני כתובים אין מלמדין וא"כ עיקר הטעם משום דברי הרב ודברי התלמיד דברי מי שומעין א"כ לא מקרי ד"ע כי אם שהשליח בעצמו עושה עתה עבירה בפועל אבל אם הוא אינו עובר בפועל לעצמו רק למשלחו אף שהוא בר חיובא כגון כהן שאמר לכהן קדש לי גרושה כיון שאין השליח מקדשה לעצמה רק למשלחו לכ"ע הוי שליח דלא שייך כאן דברי מי שומעין כיון שאין השליח עושה עבירה. אלו דברי מעלתו אלא שהרחיב הדיבור בה ואני לקחתי מדבריו השורש לדינא. ועל זה היה קשה לו למעלתו על מה שכתבו הפוסקים ביו"ד סי' ק"ס סעיף ט"ז בשם תשובות רש"י דשרי ללוות בריבית ע"י שליח משום דאין שלד"ע והוקשה למעלתו על דברי עצמו דהרי שם אין השליח עושה עבירה, ועל זה הרחיב מעלתו הדבור דאף דכתבו התוס' דלאו דלפני עור לא מקרי בר חיובא לא שייך זה אלא היכא שאינו שולחו לעבור על לפני עור כגון כהן השולח לקדש לו גרושה אף שמכשיל את משלחו מ"מ זה עושה מעצמו ולא לזה נעשה שליח רק לקדש האשה אבל ברבית מלבד שהלוה עובר על לא תשיך עובר ג"כ על לפני עור שמכשיל המלוה וא"כ הלוה דשולח ללוות לצרכו ברבית הרי הוא שולחו להכשיל המלוה ולדבר זה נעשה שליח ולכך אמרינן אין שליח לד"ע. ע"כ דברי מעלתו בקיצור. ואומר אני והרי הכהן השולח לקדש לו גרושה מלבד הלאו שעובר מצד עצמו הלא עובר ג"כ על לפני עור שהרי גם הגרושה מוזהרת עליו וא"כ כהן המקדש גרושה מלבד שעובר מצד עצמו עובר ג"כ על לפני עור שמכשיל אותה לעבור על לאו וכששולח לקדש לו גרושה הרי הוא שולחו להכשיל האשה וא"כ שולחו לעבור על לפני עור כמו ברבית לדברי מעלתו וא"כ מ"ש לאו דלפני עור משאר כל איסורים שבתורה

שכתב מעלתו בדבריו דלפני עור היכא דשולחו לעבור על לאו זה הוא כמו כל לאוין שבתורה וא"כ אפי' בשולח לישראל מדוע מקרי אינו בר חיובא לגבי לפני עור. אלא ודאי כיון שאין לפני עור עיקר האיסור לא משגיחין ביה ועיקר האיסור הוא לאו דגרושה וכמו כן ברבית עיקר האיסור הוא רבית ואם כן אין מקום לדברי מעלתו.

(ב) גם איך אפשר לומר סברא זו והרי הרמב"ם כתב שאף שבמעילה קיי"ל יש שלד"ע מ"מ היינו דוקא שלא יתערב שם איסור אחר ולכן מחלק הרמב"ם באומר תן חתיכה לאורחין בין חטאת לעולה עיין בפ"ז מהלכות מעילה הלכה ב'. ולדברי מעלתו גם בחטאת אף שבמעילה יש שלד"ע מ"מ באמרו תן לאורחים א"כ מלבד איסור מעילה של בעה"ב הרי הוא מכשיל האורחין ויש כאן לפני עור וכו' ולזה שלחו בעה"ב לעבור על לפני עור וא"כ תבטל השליחות לגמרי לדברי מעלתו כמו ברבית. אלא ליתנייהו לדברי מעלתו וברבית הטעם כיון שאם הוא עצמו לוה ברבית היה עובר מקרי בר חיובא כמו בכהן שאמר לכהן קדש לי גרושה וכדברי התוס'.

(ג) ומלבד זה מוכח מדברי הרמב"ם הללו שאפי' השליח שוגג ג"כ אמרינן אין שלד"ע דהרי שם בשוגג מיירי באומר לשלוחו תן חתיכה לאורחים והוא אמר טלו שתים והם נטלו שלש שכולם מעלו וא"כ בשוגג מיירי שאין מעילה במזיד. ועל זה מחלק הרמב"ם בין חטאת לעולה דבעולה יש שם איסור אחר נוסף על איסור מעילה אין שלד"ע, הרי אף בשוגג אפ"ה באיסור אחר חוץ ממעילה אין שלד"ע. .... ובזה שלום. דברי אוהבו נאמנו. יחזקאל סג"ל לנדא.

פרק ו' – פרק הכונס

13. דיני אדם ודיני שמים (דף נה:-נו.)[1]

יש ללמוד את הגמרא בדף נה: 5 שורות מסוף העמוד עד דף נו. שורה 40. (ויש להקדים במשנה, לפחות תחילתה)

גמרא– "תניא אמר ר' יהושע וכו'". ועיין בתוספתא (שבועות פרק ג הלכה ב-ג) שהוסיפו שם שחייב לשלם **ממון**.

תוספות ד"ה אילימא

רש"י ד"ה אי בכותל בריא בדיני אדם נמי ניחייב. ועי' בהגהות הגר"א שהזכיר את השו"ת הרמב"ם (סימן תלב המובא בספר מגדל עוז, וכן העלה המאירי) שכתב דמיירי לענין הבהמה שיצאה והזיקה. ולכאורה יוצא דפליגי בב' דברים:

1) לפי רש"י, מכיון שיש מצוה לסתור את הכותל, ממילא א"א לתבוע ממון ממי שסתר אותה, אע"פ שבודאי יש שויות אף לכותל רעוע (דאחרת מאי חייב בדיני שמים), ולהרמב"ם חייב בדיני אדם לשלם לכותל רעוע. ולכאורה סברת רש"י היא שהמצוה לסתור את הכותל מפקיע את הזכות ממון שלו על כותל, ולהרמב"ם אין שייכות בין המצוה הזאת לזכות ממון.[2]

[1] This סוגיא is extremely worthwhile to teach. Students find it engaging and it addresses the relationship between religious law and civil law.

[2] Perhaps this can be compared to someone in possession of illegal drugs. If they were then stolen and the thief was sued in court, how would the court respond? Presumably, since it is illegal to have the item to begin with, he has no legal right to sue for it. Alternatively, we can consider the item that is illegal to have no legal, economic value. In that case, however, the amount that the thief would be obligated to pay in דיני שמים would presumably be the value of the item had it not been condemned. This would be difficult to understand.

2) לפי הרמב"ם, הפורץ גדר לפני בהמת חבירו חייב אם התכוין להיזק של הבהמה, אבל אם לא התכוין לזה, פטור. ולרש"י אין שום חילוק בכונתו. (ולכאורה ס"ל לרש"י דכיון דאדם מועד לעולם ממילא לא איכפת לן בכונתו בכלל.)[3]

<u>תוספות</u> ד"ה אלא

עיין <u>במהר"ם שיף</u> שפירש את כונת התוס' שאם היה לחבריה מעות, איהו היה חייב בדיני אדם, והשוכר היה פטור מדיני שמים. ועיין <u>בפני יהושע</u> שחלק ופירש שבדיני שמים לעולם חייב.

ולכאורה נקודת המח' היא דלפי הפנ"י, החיוב לצאת ידי שמים הוי כעין תשובה על האיסור שעבר, ולכן חייב אפילו אם לא הפסיד (משום ששילמו העדים), אבל לפי המהר"ם שיף החיוב הוי כעין תשלומי נזק, ואם אין הפסד אין חיוב.[4]

ועיין <u>ברש"י</u> (בבא קמא דף קד וב"מ לז.) אם עיקר המחייב הוי מצד הגברא או ההפסד.

[ובמה שכתבו התוספות שחייב בדיני שמים דוקא אם שכרם, עיין <u>בש"ך</u> (חו"מ לב:ג) שכתב על פי <u>הריטב"א</u> (קידושין דף מב) לחלוק על התוס' דלעולם חייב אפילו לא שכרם, כיון שגרם הפסד, והביא ראיה מהגמרא בקידושין. ומשמע מתוך לשון הריטב"א והש"ך שלעולם חייב אם גרם הפסד, ולתוס' תלוי בדעת הגברא, ואם סבר שלא ישמעו פטור. ועיין <u>בקצות החושן</u> (א) שכתב ליישב את ראית הש"ך מהגמ' בקידושין, והעלה שיש ב' סוגי חיוב של "הבא לצאת יד שמים".[5]]

[3] This debate may be difficult to teach inside and a bit tangential and technical. However, it is a great opportunity to teach the skill of seeing an ambiguity in the תלמוד, thinking about different ways of interpretation, and evaluating the strengths of each. Even without seeing the מפרשים, students should be able to intuit some of the possibilities and evaluate them.

[4] There are also two possibilities as to the nature of all payments for נזיקין, as we saw in the introductory unit and in the סוגיא of מזיק ברשות. This debate between פני יהושע and מהר"ם שיף is worthwhile discussing in a class that can understand it. It raises an interesting question that was not addressed by the תלמוד and it revolves around a critical conceptual issue that is at the heart of the סוגיא.

[5] This final discussion may be too difficult and tangential to be worth teaching.

תוספות ד"ה פשיטא. ועי' בחידושי הרשב"א לגבי הגדר של מצות "ואם לא יגיד", אי הוי מצד שבועת שקר או שיש מצוה להעיד.[6]

גמרא – "פשיטא, דאורייתא היא" – לכאורה צ"ע אמאי פשיטא שחייב **לשלם**, ואפשר דכונת הגמ' היא דפשיטא שיש איסור כלפי שמיא, וצ"ע. ומ"מ משמע שעיקר הענין כאן הוא שחייב בדיני שמים על האיסור, ואינו בעיקרון חיוב תשלומים.

תוספות ד"ה פטור

תוספות ד"ה כסויי – חייב אף אם כונתו לטובה. ולכאורה לא עבר על שום איסור בזה, ומ"מ חייב לשלם בעבור ההפסד, ומשמע דעיקר המחייב הוא ההפסד, ולא האיסור. אך עיין בב"ח (חו"מ תיח:י) שכתב שלפי תוס' אם לא ידע ההלכה שטמון פטור מאש אינו חייב בידי שמים, ומשמע דס"ל שלפי תוספות חייב משום שעבר, שהיה לו לעסוקי אדעתיה, ואינו מצד ההפסד בלבד. ועיין בשיטה מקובצת בשם הרא"ה שפירש שבאמת כונתו היה להזיק, ומ"מ הוה אמינא דפטור שלא נחשב כמעשה היזק. וקצת משמע דס"ל שאם כונתו להציל לא שייך לחייבו, אף בדיני שמים.[7]

גמרא – "מי יימר דכי הוה מסהדא וכו'" – ולכאורה יש לעיין אמאי חייב בבה"ג והרי ספק ממון לקולא, ולכאורה משום שמ"מ עבר על איסור בבבישת עדותו שהיה יכול להפסיד לחבירו, וחייב לעשות תשובה על זה. ועי' ברש"י ד"ה אלא בחד ובפני יהושע (על הרש"י) שפירש שחייב בדיני שמים משום ש"כיון שזה עצמו שיודע להעיד אינו יודע אם ישבע הלה

[6] The subtle difference between תוספות and רשב"א may be difficult for some classes, but the discussion is very engaging and highlights the nature of the responsibility to testify. The רשב"א clearly maintains that the root of the קרבן שבועה is that responsibility; תוספות does not assume that to be inherently true, but may agree that this connection is learned from this פסוק.

[7] It may not be necessary to teach these sources inside, but they bring out the question of whether the obligation is based on compensating for loss, in which case the intent should not matter, or if it is a form of תשובה for a wrongdoing, in which case intent is very important. The next source (פני יהושע) is on this same point as well.

או לא, נמצא דלא איכפת ליה בהזיקו של חבירו וחייב בד״ש שנתכוין להזיק״, ומשמע דעיקר המחייב הוי החטא שעשה, ולא מצד ההפסד ממון, וכמו שכתב הפני יהושע הנ״ל.[8]

[8] This פני יהושע, when linked with the previous piece in the פני יהושע, brings the סוגיא together and reinforces the theme that underlies the essence of חיוב בדיני שמים.

מסכת בבא קמא דף נה:

מתני' הכונס צאן לדיר ונעל בפניה כראוי ויצאה והזיקה פטור לא נעל בפניה כראוי ויצאה והזיקה חייב נפרצה בלילה או שפרצוה לסטים ויצאה והזיקה פטור הוציאוה לסטים לסטים חייבין הניחה בחמה או שמסרה לחרש שוטה וקטן ויצאה והזיקה חייב מסרה לרועה נכנס הרועה תחתיו נפלה לגינה ונהנית משלמת מה שנהנית ירדה כדרכה והזיקה משלמת מה שהזיקה כיצד משלמת מה שהזיקה שמין בית סאה באותה שדה כמה היתה יפה וכמה היא יפה ר' שמעון אומר אכלה פירות גמורים משלמת פירות גמורים אם סאה סאה אם סאתים סאתים

מסכת בבא קמא דף נה:-נו.

תניא אמר ר' יהושע ארבעה דברים העושה אותן פטור מדיני אדם וחייב בדיני שמים ואלו הן הפורץ גדר בפני בהמת חבירו והכופף קמתו של חבירו בפני הדליקה והשוכר עדי שקר להעיד והיודע עדות לחבירו ואינו מעיד לו אמר מר הפורץ גדר בפני בהמת חבירו ה"ד אילימא בכותל בריא בדיני אדם נמי ניחייב אלא **[דף נו.]** בכותל רעוע אמר מר הכופף קמתו של חבירו בפני הדליקה היכי דמי אילימא דמטיא ליה ברוח מצויה בדיני אדם נמי נחייב אלא דמטיא ברוח שאינה מצויה ורב אשי אמר טמון אתמר משום דשויה טמון באש אמר מר השוכר עדי שקר ה"ד אילימא לנפשיה ממונא בעי שלומי ובדיני אדם נמי ניחייב אלא לחבריה והיודע עדות לחבירו ואינו מעיד לו במאי עסקינן אילימא בבי תרי פשיטא דאורייתא הוא +ויקרא ה'+ אם לא יגיד ונשא עונו אלא בחד ותו ליכא והאיכא (סימן העושה בסם ושליח חבירו נשבר) העושה מלאכה במי חטאת ובפרת חטאת פטור מדיני אדם וחייב בדיני שמים והאיכא הנותן סם המות בפני בהמת חבירו פטור מדיני אדם וחייב בדיני שמים והאיכא השולח את הבערה ביד חרש שוטה וקטן פטור מדיני אדם וחייב בדיני שמים והאיכא המבעית את חבירו פטור מדיני אדם וחייב בדיני שמים והאיכא נשברה כדו ברה"ר ולא סלקה נפלה גמלו ולא העמידה ר"מ מחייב בהזיקן וחכ"א פטור בדיני אדם וחייב בדיני שמים אין מיהא איכא טובא והני אצטריכא ליה מהו דתימא בדיני שמים נמי לא ליחייב קמ"ל הפורץ גדר בפני בהמת חבירו מהו דתימא כיון דלמסתריה קאי מה עביד בדיני שמים נמי לא ליחייב קמ"ל הכופף קמתו של חבירו נמי מהו דתימא לימא מי הוה ידענא דאתיא רוח שאינה מצויה ובדיני שמים נמי לא ליחייב קמ"ל ולרב אשי דאמר נמי טמון איתמר מהו דתימא אנא כסויי כסיתיה ניהלך ובדיני שמים נמי לא ליחייב קמ"ל והשוכר עדי שקר נמי מהו דתימא לימא דברי הרב ודברי התלמיד דברי מי שומעין ובדיני שמים נמי לא ליחייב קמ"ל והיודע עדות לחבירו ואינו מעיד לו נמי מהו דתימא מי יימר דכי הוה (אתינא) מסהדינא ליה הוה מודה דלמא הוה משתבע לשקרא ובדיני שמים נמי לא ליחייב קמ"ל

תוספתא מסכת שבועות (צוקרמאנדל) פרק ג

הלכה ב: היודע עדות לחבירו ואינו מעיד לו אין חייב לשלם מן הדין ואין מן השמים מוחלין לו עד שישלם שכר עידי שקר העיד וגבה אין חייב לשלם מן הדין ואין מן השמים מוחלין לו עד שישלם:

הלכה ג: הכובש קמה לפני האור והפורץ גדר לפני בהמה אין חייבין לשלם מן הדין ואין מן השמים מוחלין להן עד שישלמו:

<u>רש"י מסכת בבא קמא דף נה:</u>

אי בכותל בריא בדיני אדם נמי ניחייב - מיהא אכותל דהא בידים עבד ואבהמה ליכא למימר דמחייב דהא תנן פרצוה לסטים פטור.

<u>הגהות הגר"א בבא קמא דף נה:</u>

[א] **רש"י ד"ה אי בכותל כו' ואבהמה כו'.** נ"ב וכן פי' תוספות כאן ובסנהדרין אבל כתב שם די"ל דגם אבהמה חייב ול"ד למתני' דמיירי בנזקיה וכ"ד הרמ"ה. והרמב"ם כ' דאף בנזקיה מיחייב כאן משום דמתכוי.

<u>שו"ת הרמב"ם סימן תלב</u>

(לחכמי לוניל). **שאלה** (סגנון השאלה מתאים עם דברי הראב"ד בהשגתו לה' נזקי ממון פ"ד ה"ב, ועי' במבוא) בספר נזיקין פרק ד' הפורץ גדר לפני בהמת חברו ויצאתה והזיקה אם היה גדר חזק ובריא חייב. ילמדנו רבינו אם על הכותל אמר למה ליה למימר יצאתה והזיקה. ואם על הנזק אמר הא אמרינן (בבא קמא נו:) בגמרא שאין הלסטים חייבין אלא אם כן הכישוה והדריכוה למקום הנזק יורינו מורנו ושכרו כפול מ"ה. **תשובה** על הנזק אמרתי ולא על הכותל וכך על הנזק אמרו חכמים ולא על הכותל שאילו היו דברי רבי יהושע בן לוי (לפני' בגמ' ב"ק נ"ה ב' תניא אמר ר' יהושע, וכ"ה בתוספתא שבועות פ"ג סוף ה"א) על הכותל כמו שעלה על לב כל מי שראיתי פירושו (כן פירש הרי"ף ריש פ' הכונס סי' קי"א אילימא בכותל בריא בידי אדם נמי אחייובי מיחייב אכותל אלא וכו', פי' ר"ח ור"נ גאון לא נמצאו לפני', ועי' פירש"י שם נ"ה ב' ד"ה אי בכותל, [ועי' אוצה"ג לב"ק עמ' ל"ט, א"ך]) לא היה אומר הפורץ גדר לפני בהמת חברו אלא הפורץ גדר חברו מה ענין בהמה הכא ועוד שהביא התלמוד דברים אלו על משנה דהכונס צאן לדיר ועוד זה שהעמיד התלמוד דברי רבי יהושע שאמר הפורץ גדר לפני בהמת חבירו פטור בדיני אדם וחייב בדיני שמים בכותל רעוע אם על הכותל אמר וכי פורץ גדר רעוע למה פטור בדיני אדם וכי יעלה על לב אדם בעולם שהשובר כלי שלם חייב והשובר כלי רעוע פטור אלא כך הדין השובר כלי שלם וחזק משלם דמי כלי שלם והשובר כלי רעוע אינו משלם [אלא] כלי רעוע. כך הסותר כותל חבירו אם אכותל בעלמא קאי משלם דמי הכותל שהפסיד בין שלם בין רעוע חייב בדיני אדם. וא"ת כותל זה הרעוע עומד לסתירה הוא ומצוה קא עביד אמאי חייב בדיני שמים אלא ודאי כל המפרש כך נשתבש ואין הדברים אמורים אלא לענין הבהמה שיצאה מפרצה והזיקה אם היה הגדר חזק ובריא הפורץ חייב בנזקיה בדיני אדם ואם היה הכותל רעוע שאינה משתמרת הפורץ פטור מדיני אדם על זה הנזק שהזיקה הבהמה וחייב בדיני שמים שהרי גרם לבעלים לשלם הואיל והכותל רעוע כמו שביארנו שאפילו חתרוה או פרצוה לסטים בעל הצאן חייב ואם לא פרץ אפשר היה שלא תצא ולא תזיק ומפני זה חייב בדיני שמים. וזה שהקשיתם על דבר זה מן הליסטים שפרצו מחיצת הדיר בבריאה שאין חייבין בנזקיה עד שיוציאוה אבל אם יצתה מעצמה פטורין ודאי קושיא היא זאת ושמא זאת הקושיא שבשה המפרש עד שהעמיד דבר זה בכותל עצמו. וזהו פירוקה הפרש גדול יש בין ליסטים שפירצו (שפרצו, שם) הדיר ובין חבירו שפרץ לפני בהמתו שהליסטים כוונתם לגנוב הבהמה לפיכך כל זמן שלא הוציאוה מרשות בעלים לא נתחייבו +בגניבה ([כי"ש] פ)+ ולא נעשית ברשותם ובעת שיוציאוה נעשית ברשותם ונתחייב בנזקיה אבל אם הניחוה שם הרי לא עשו הנזק שנתכוונו לו שהוא הגניבה ולפיכך פטורין אבל הפורץ גדר לפני בהמת חבירו אין כוונתו לגנוב ולא נתכוון אלא שתצא הבהמה ותזיק ויתחייבו הבעלים בנזקיה ולפיכך הוא חייב באותו נזק כדין כל מזיק וזהו הפרש בין לסטים ובין פורץ

בהמת חבירו והרי כל הדברים נכונין ויוצאין על עיקרי הדינין וכלם נתנו מרועה אחד (על שטת רבינו שבתשובה זו עי' שלטי הגבורים לריש פרק הכונס סק"א ושטה מקובצת לב"ק נ"ה ב' ד"ה הפורץ גדר.)

<u>בית הבחירה למאירי מסכת בבא קמא דף נו.</u>

הפורץ גדר לפני בהמת חברו אם כותל רעוע הוא אף על פי שעומד לסתור חייב הוא בדיני שמים ומ"מ פטור מדיני אדם שהרי לכך הוא עומד ואם כותל בריא הוא חייב על הכותל אף בידי אדם ומ"מ על הבהמה אם יצאה ונאבדה או יצאה והזיקה ונתחייבו בעלים בנזקיה פטור שאין זה אלא גרמא בעלמא ומה שהקשו בכאן אי בכותל בריא אף בדיני אדם נמי ליחייב פירושו על הכותל:

גדולי המחברים פירשו דבר זה על הנזק ולא על הכותל שאם על הכותל אפילו הוא רעוע חייב בדמי רעוע אף בידי אדם ואם תפרש שהוא עומד לסתירה ויש כאן מצוה אם כן אף בדיני שמים אין כאן חיוב אלא שיראה לי הואיל ומ"מ מתכוין הוא להזיק ולא למצוה חייב בדיני שמים ומ"מ הם מחזקים את דבריהם משאר צדדים והוא שאם בכותל בריא אתה מחייבו על הכותל לבד ולא על הבהמה או נזקיה למה אמרו הפורץ גדר לפני בהמת חברו היה לו לומר הפורץ גדר חברו וכן למה גלגלוה על ענין כונס צאן לדיר ויצאה והזיקה אלא לענין הבהמה נאמר ולענין נזקיה שאם היה הכותל בריא ופרץ לפניה חייב הפורץ בנזקיה אף בדיני אדם ואם רעוע הוא הואיל ופשעו הבעלים פטור הפורץ וחייב הבעלים שהרי תחלתו בפשיעה הוא ומ"מ בדיני שמים חייב שאפשר היה שלא תפול ולא תזיק:

וחכמי הדורות שלפנינו הקשו על דבריהם ממה שאמרו במשנה הוציאוה ליסטים הרי לסטים חייבים הא פרצוה ולא הוציאו לסטים פטורים אלא שהם תרצו שהלסטים כונתם לגנוב וכל שלא נתקיימה מחשבתם לא נתחייבו בנזקיה אבל הפורץ גדר אין כונתו אלא להזיק והרי נתקיימה מחשבתו ולפיכך חייב ויש לחזק דבריהם שדבר זה הוא בכלל דינא דגרמי ולא בכלל גרמא בנזקים והוא שכבר ידעת שהרבה מפרשים טרחו ליישב מה הפרש בין דינא דגרמי שהוא חייב ובין גרמא בנזקים שהוא פטור עד שפרשו שכל שכונתו להזיק ושעל ידו לבד נעשה ההזק הוא דינא דגרמי כגון שורף שטרותיו של חברו ומוחל שטר חוב אחר שמכרו וכל שאין כונתו להזיק או שכונתו להזיק אלא שיש מסייע לאותו הנזק הוא גרמא בנזקין ופטור כגון מה שאמרו בפרק לא יחפור ב"ב כ"ב ב' מרחיקין את הסלם מן השובך ארבע אמות כדי שלא תקפוץ הנמייה ואם לא הרחיק את הסלם אין כונתו להזיק וכן משסה כלבו של חברו בחברו שאע"פ שכונתו להזיק כח אחר מעורב בו וכן אתה מפרש את כלם על פי כלל זה ואף בזו אנו אומרים לדעת גדולי המחברים שגרמא זו הואיל וכונתו להזיק ושעל ידו לבד הנזק בא הרי הוא בכלל דינא דגרמי וחייב על הנזק וכותל רעוע הרי פשע חברו וגרמא עם פשיעת חברו פטור:

<u>תוספות מסכת בבא קמא דף נו.</u>

אלא לחבריה - כגון שאין לחבריה מה לשלם או שהלך למדינת הים או כגון שאין אנו יודעים שהם עדי שקר ודוקא שוכר אבל אמר פטור מדיני שמים דסבור שלא ישמעו לו דאין נראה לומר דנקט שוכר לאשמועינן דאפי' שוכר פטור מדיני אדם שאין זה שום חידוש ולקמן לא עביד צריכותא אלא מדיני שמים ועוד דבפירקין תנן (דף נט:) השולח את הבערה ביד חש"ו פטור מדיני אדם וחייב בדיני שמים שלח ביד פקח הפקח חייב משמע דשולח פטור אף מדיני שמים.

<u>מהר"ם שיף ברכות דף נו.</u>

בתוספות ד"ה אלא לחבריה. כגון שאין כו'. דאי לאו הכי למה חייב בדיני שמים יחזיר זה המעות לבעלים. וראייתם בסמוך משולח את הבעירה אין מכרעת דדלמא משום הכי פטור מדיני שמים כיון דהפיקח חייב לשלם וכי לית לפיקח לשלם אפשר דאין הכי נמי דהוי כשולח ביד חרש שוטה וקטן דלאו בני תשלומין נינהו. ואולי דאם כן הוה ליה למיתני רבותא בכי האי גוונא דמיחייב בדיני שמיםאפילו בשולח ביד בר דעת. וכו'.

<u>פני יהושע ב"ק דף נו.</u>

בד"ה אלא לחבריה כגון שאין לחבריה מה לשלם כו'. והוא הדין דצ"ל דאיירי שלהעדים נמי אין להם מה לשלם דאל"כ החיוב מוטל עליהם ואפילו בהודאת עצמם נאמנים על עצמם לענין שמחויבים לשלם ומ"ש או כגון שאין אנו יודעים כו' פי' שהבעל דין עצמו והעדים אין מודים בכך אבל מ"מ אנו יודעים שהעידו שקר על פי הודאת השוכר וזה מוכרח כמ"ש בסמוך ומיהו נראה דכל מה שכתבו התוס' כאן היינו כדי ליישב הא דנקט פטור מדיני אדם אבל בדיני שמים ודאי חייב השוכר אע"ג שהלוה מוציא את ממונו מן הבעל דין או מן העדים דמ"מ איסורא דעבד עבד וזה מוכרח מדהביאו ראיה בסמוך משילח את הבערה ביד פיקח והתם על כרחך הניזק גובה דמי ניזקו מן הפיקח אפ"ה משמע מדבריהם שהיה לחייבו בדיני שמים אי לאו שיש לחלק בין שוכר לאומר אבל הש"ך בחו"מ (סי' ל"ב סק"ג) בשם הריטב"א לא כ"כ עי"ש וצ"ע:

<u>רש"י מסכת בבא קמא דף קד.</u>

שכבר הודה מפי עצמו - ובא לצאת ידי שמים ואף על גב דבי דינא לא מצו מחייבי ליה אלא מניח לפניהם מיהו ידי עונש אין יוצא עד שישלם לשניהם דהא לאו לבעלים אהדריה כו'.

<u>רש"י מסכת בבא מציעא דף לז.</u>

הכא בבא לצאת ידי שמים - מאליו בא לימלך מה יעשה ולא יענש, דהשתא ודאי אמרינן ידי שמים לא יצאת עד שתתן לשניהם, שאם תהא מונחת עד שיבא אליהו - נמצא הנגזל מפסיד על ידך.

<u>ש"ך חושן משפט סימן לב (ג)</u>

וכן אם לא שכרן - כ"כ התוספות [ב"ק] ריש פרק הכונס דף נ"ו ע"א [ד"ה אלא], ודייקי לה מדקתני השוכר דוקא, וגם מדקתני [שם נ"ט ע"ב] השולח את הבערה ביד חרש שוטה וקטן פטור מדיני אדם וחייב בדיני שמים, שלח ביד פקח הפקח חייב, משמע דשולח פטור אף מדיני שמים. אבל קשה לי על דבריהם, דהא אמרינן בקידושין בפרק האיש מקדש דף מ"ג ע"א, דאף דאין שליח לדבר עבירה מיחייב בדיני שמים, דמתמה התם בפשיטות, מכלל דת"ק סבר אפילו בדיני שמים נמי פטור, ומשני (בי) דינא רבה (ובי) [ו]דינא זוטא איכא בינייהו, ופירש"י עונש גדול ועונש קטן. ואפשר ליישב דבריהם בדוחק. אבל מ"מ נראה לי עיקר דלעולם חייב בדיני שמים היכא דגורם היזק לחבירו אפילו לא שכרן. והא דקתני השולח את הבערה ביד הפקח פקח חייב, ולא קתני דהשולח חייב בדיני שמים, היינו כיון דפקח משלם תו לא שייך חיובא דדיני שמים על המשלח. וכ"כ הריטב"א פרק האיש מקדש [קידושין מ"ב ע"ב] וז"ל, שלח ביד פקח חייב, פירוש והשולח פטור לגמרי ואפילו מדיני שמים כיון שכבר נשתלם הניזק מן הפקח, משא"כ בשוכר עדי

שקר שפטור מדיני אדם וחייב בדיני שמים דלא אשתלים ניזק מניזקיה, וכן אתה אומר בכל אותם שבריש פרק הכונס, עכ"ל. והא דקתני השוכר, אורחא דמילתא נקט, דאם אינו שוכר מסתמא אינן שומעין לו דתרי לא עבידי דחוטאים אם אין להם הנאה. [הג"ה. ולע"ד לכאורה נראה ראיה לדברי התוספות, מהא דאמרינן בסנהדרין פרק זה בורר דף כ"ט ע"א, מנין שאין טוענים למסית, מנחש הקדמוני, דאמר ר' שמלאי הרבה טענות היה לו לנחש לטעון ולא טען, ומפני מה לא טען לו הקב"ה, לפי שלא טען הוא, מאי הוה ליה למימר, דברי הרב ודברי התלמיד דברי מי שומעין, עכ"ל. וטעם דאמרינן אין שליח לדבר עבירה, הוא נמי משום אותה טענה דדברי הרב כו', ואי תימא דבדיני שמים חייב, הא התם דיני שמים הוי, וא"כ לא הוי מועיל הטענה דדברי הרב נגד הקב"ה, משום דדיני שמים הוי. ואע"ג דאיתא במדרש רבה [בראשית כ' ד'] שדנו אותו בסנהדרין של ע"א, מ"מ דין שמים הוא, אלא ודאי אין שליח לדבר עבירה אפילו בדיני שמים. ויש לדחות בדוחק ודו"ק]. ועיין לקמן סימן תי"ח [סק"ט]:

חידושי הריטב"א מסכת קידושין דף מב:

שילח ביד פקח הפקח חייב. פי' והשולח פטור לגמרי ואפילו מדיני שמים כיון שכבר נשתלם הניזק מן הפיקח, מה שאין כן בשוכר עדי שקר שפטור מדיני אדם וחייב בדיני שמים דלא אשתלים ניזק מנזקיה, וכן אתה אומר בכל אותם שבריש פרק הכונס.

קצות החושן חושן משפט סימן לב (א)

לא שכרן. עיין ש"ך (סק"ג) שהקשה מפרק האיש מקדש (קידושין) דף מ"ג (ע"א) דאף דאין שליח לדבר עבירה מחייב בדיני שמים, דמתמה התם בפשיטות מכלל דת"ק סבר אפילו בדיני שמים נמי פטור ומשני (בי) דינא רבא (ובי) [ו]דינא זוטא איכא בינייהו, ופירש"י עונש גדול ועונש קטן ע"ש.

ולי נראה דכאן מיירי מחיוב תשלומין בדיני שמים וכההיא דאמרינן כיוצא [בו] (ב"ק קיח, א) איני יודע אם נתחייבתי פטור מדיני אדם וחייב לשלם בדיני שמים, וה"נ בשוכרן חייב לשלם בדיני שמים, אבל עונש בדיני שמים ודאי אית ליה אפילו אם אינו שוכרן ומשום דאף דאין שליח לדבר עבירה ענוש הוא בדיני שמים. והתם (בי) דינא רבא (ובי) [ו]דינא זוטא אינו כלל מעין הדין שנתחייב בדיני אדם, כגון רוצח בסייף ואם עשה שליח עונשין אותו משמים בעונש מן השמים בדינא רבא או בדינא זוטא, אבל הכא בשוכרן הוא מידי אחריני שהוא חייב לשלם בדיני שמים. וכמה מיני גרמא איכא שנפטר מתשלומין אפילו בדיני שמים ואילו עונש ודאי אית ליה אפילו בגורם דגורם והוא פשוט:

תוספות מסכת בבא קמא דף נו.

פשיטא אם לא יגיד וכו' - וא"ת ה"מ כשעבר על שבועתו כדכתיב ושמעה קול אלה וי"ל דה"ק קרא כשעובר בדבר שאם לא יגיד היה נושא עון אז יביא קרבן שבועה אבל בלא שבועה נמי איכא נשיאות עון כדמוכח במתני' באחד דיני ממונות (סנהדרין דף לז:) ודוקא בב"ד דכשאומרים אין אנו יודעים להעיד שוב אינם יכולין להעיד דכיון שהגיד שוב אינו חוזר ומגיד והיינו אם לא יגיד דקרא אבל חוץ לב"ד אין לחוש שיכול לחזור ולהעיד.

חידושי הרשב"א מסכת בבא קמא דף נו.

אי בתרי מדאורייתא נמי מחייב, כלומר לא הי' צריך לומר בזו ר' יהושע דמחייב בדיני שמים דפשיטא שהתורה חייבתו דכתיב אם לא יגיד ונשא עונו, וא"ת ההוא בנשבע וכפר כתיב דחייב בקרבן כדכתיב ושמעה קול אלה, י"ל דקרא ה"ק כשעובר בדבר שאם לא הי' מגיד הי' נושא עון אז אם שמע קול אלה חייב קרבן. ואין תירוץ זה מחוור בעיני דמנא ליה דה"ק קרא, דמקשה כל כך בפשיטות דאורייתא נמי מיחייב. ומסתברא דממילא שמעינן לה דההיא בששמע קול אלה אע"פ שלא ענה אמן הוא ואפ"ה בשלא הגיד איכא נשיאות חטא, ואם איתא דכשלא שמע קול אלה וכופר בעדותו בב"ד ליכא נשיאות חטא ולא חייבתו תורה להעיד למה מביא קרבן על שמיעת קול בלבד, אטו מי שאומר לחברו משביע אני עליך שתאמר כן וכן שראית ולא הגיד מי מחייב, וקרובים שאינם מעידין לו אינם חייבים מפני שאין בעדותן כלום ואין חייבין להעידו, ואף הכשרים כיוצא בהם לא היו חייבים להעידו כל שלא ענו אמן כנ"ל.

תוספות מסכת בבא קמא דף נו.

פטור מדיני אדם - בפ' הניזקין (גיטין נג.) פריך מיניה למ"ד היזק שאין ניכר שמיה היזק.

תוספות מסכת בבא קמא דף נו.

כסויי כסיתיה - וא"ת גלוי וידוע למקום למה נתכוין אם לטובה אם לרעה וי"ל דאפי' במתכוין לטובה שלא ימהר לשרוף ויוכל להציל בעל הבית בתוך כך מ"מ בדיני שמים חייב דאיבעי ליה לאזדהורי ולאסוקי אדעתיה שלא יבא לו הפסד בכך.

ב"ח חושן משפט סימן תיח

(י) ראה אחד הדליקה וכו'. ברייתא ריש פרק הכונס הכופף קומתו של חבירו בפני הדליקה פטור מדיני אדם וחייב בדיני שמים ומוקי לה דמטיא ליה ברוח שאינה מצויה רב אשי אמר טמון איתמר דשוייה טמון באש ורבינו לעיל בסעיף ו' פסק כאוקימתא קמא וכאן פסק כאוקימתא דרב אשי סבירא ליה דהאוקימתות לא פליגי אלא מר שמיע ליה מרביה הכי ומר שמיע ליה מרביה הכי ותרווייהו הילכתא נינהו ועיין לעיל בסימן שפ"ו סעיף ג' ונראה מדברי התוספות (נו. ד"ה כסויי) לשם דמיירי במאן דידע דטמון פטור באש והתם אפילו נתכוין לטובה שלא ימהר לשרוף ויוכל להציל בעל הבית בתוך כך אפילו הכי בדיני שמים חייב דאיבעי ליה לאזדהורי ולאסוקי אדעתיה שלא יבא לו הפסד בכך אלמא דאי לא ידע דטמון באש פטור וליכא למימר דה"ל לאזדהורי וכו' אנוס הוא ואפילו בדיני שמים פטור:

שיטה מקובצת מסכת בבא קמא דף נו.

ולרב אשי דאמר נמי טמון איתמר מהו דתימא אנא כסויי כסיתיה ובדיני שמים נמי לא ליחייב קא משמע לן. פירוש אף על פי שכוונתו להזיק אין מלאכה זו כדאי להתחייב עליה לשלם ואפילו בדיני שמים קמשמע לן. הרא"ה ז"ל. והתוספות חולקים עליו.

רש"י מסכת בבא קמא דף נו.

אלא בחד - שמחייבו שבועה ובדיני שמים מיחייב דאי הוה מסהיד מחייב ליה שבועה ודלמא לא הוי משתבע בשיקרא ומשלם.

פני יהושע מסכת בבא קמא דף נו.

בפרש"י בד"ה אלא בחד כו' ודילמא לא הוי משתבע כו'. כאן לא שייך להקשות אמאי פסיק ותני חייב בדיני שמים דקמי שמיא גליא אי הוי משתבע הלה או לא דמ"מ כיון שזה עצמו שיודע להעיד אינו יודע אם ישבע הלה או לא ונמצא דלא איכפת ליה בהזיקו של חבירו חייב בדיני שמים שנתכוין להזיק:

14. תחילתו בפשיעה וסופו באונס[1] (דף נו.)

יש ללמוד את הגמרא בדף נו. שורה 41 עד סוף העמוד.

יש להשוות למקרים שונים כגון –

http://doglaw.hugpug.com/doglaw_081.html

http://extension.missouri.edu/explore/agguides/agecon/g00453.htm

ויש להשוות סוגיה זו לעיקר הסוגיה (שציין רש״י) בבבא מציעא (דף מב, ודף לו:)

רש״י ד״ה והוא שחתרה – פירש שנפל הכותל מחמת החתירה. ויש לעיין אמאי לא פירש כפשטות, שחתר ויצא מתחת לכותל. ותירץ המהר״ם שיף שדייק בלשון המשנה ״נפרצה הכותל״ דמשמע שהכותל נפל. וכתבו התוספות (דף נב: ד״ה ושכיחי) והתוספות ר״פ והתוספות הרא״ש שאם נפרש שחתר ויצא מתחת לכותל, אין שום קשר בין הפשיעה לאונס (שלא בא מחמת בפשיעה).

הרא״ה (מובא בשיטה מקובצת) פירש שמדובר בחתר ממש, ויצא מתחת לכותל, ונחשב כאילו בא מתחת הפשיעה שאם לא הניח את הצאן במקום זה, לא היה חותר יוצא.

בגמרא– ״מהו דתימא הויא ליה תחילתו בפשיעה וסופו באונס (ופטור) קמ״ל דכולה פשיעה היא מ״ט דאמר ליה מידע ידעת וכו׳.״ והקש׳ ר׳ עקיבא איגר שכאן מדובר למ״ד תחילתו בפשיעה וסופו באונס חייב (דלמ״ד פטור כבר אמרו לעיל דניחא לאוקמה בכותל רעוע) וא״כ אמאי אמרו דהוה אמינא דפטור מצד תחילתו בפשיעה וסופו באונס?

[1] The סוגיא raises some important issues about the nature of responsibility – whether it is more focused on negligence or responsibility for the actual damage – but it is a bit complex and beginners might not be able to follow it. While it may be worth skipping in those classes, a group of experienced and advanced students may find the challenge very rewarding.

וכעין זה יש להקשות על <u>הרמב"ם</u> (פ"ד מהל' נזקי ממון ה"ה) במה שהביא את מסקנת הגמרא בהלכה דכולו פשיעה היא "דכל טצדקא וכו'", והרי לפי מה דקי"ל דתחילתו בפשיעה חייב, לא צריכים את זה. ותי' <u>הלחם משנה</u> דכתב הכי הרמב"ם כדי לפרש לכולי עלמא.

אך נראה ליישב בענין אחר, דבאמת צ"ע אמאי יש לחייב חתר בסיפא, שהרי אפילו למ"ד תחילתו בפשיעה וכו' חייב, הרי כאן אין שום קשר בין הפשיעה לנזק. וי"ל דהיינו ההוה אמינא של הגמרא שלכו"ע יש לפוטרו, וקמ"ל דבאמת כולה פשיעה היא, כיון שבאמת הוא גרם לחתירת הצאן, ולא עוד, אלא די"ל דלכו"ע חייב דהוי תחילתו וסופו בפשיעה.

<u>מסכת בבא קמא דף נו.</u>

נפרצה בלילה או שפרצוה לסטים כו' אמר רבה והוא שחתרה אבל לא חתרה מאי חייב היכי דמי אילימא בכותל בריא כי לא חתרה אמאי חייב מאי ה"ל למעבד אלא בכותל רעוע כי חתרה אמאי פטור תחלתו בפשיעה וסופו באונס הוא הניחא למ"ד תחילתו בפשיעה וסופו באונס פטור אלא למ"ד תחילתו בפשיעה וסופו באונס חייב מאי איכא למימר אלא מתני' בכותל בריא ואפילו לא חתרה וכי איתמר דרבה אסיפא איתמר הניחה בחמה או שמסרה לחרש שוטה וקטן ויצתה והזיקה חייב אמר רבה ואפי' חתרה לא מבעיא היכא דלא חתרה דכולה בפשיעה הוא אלא אפי' חתרה נמי מהו דתימא הויא לה תחילתו בפשיעה וסופו באונס קמ"ל דכולה פשיעה היא מ"ט דאמר ליה מידע ידעת דכיון דשבקתה בחמה כל טצדקא דאית לה למיעבד עבדא ונפקא

<u>רש"י מסכת בבא קמא דף נו.</u>

והוא שחתרה - הא דתנן נפרצה בלילה פטור כגון שחתרה הבהמה והפילה הכותל דאנוס הוא.

<u>מסכת בבא מציעא דף מב.</u>

ההוא גברא דאפקיד זוזי גבי חבריה אותבינהו בצריפא דאורבני איגנוב אמר רב יוסף אף על גב דלענין גנבי נטירותא היא לענין נורא פשיעותא היא הוה תחילתו בפשיעה וסופו באונס חייב ואיכא דאמרי אף על גב דלענין נורא פשיעותא היא לענין גנבי נטירותא היא ותחלתו בפשיעה וסופו באונס פטור והילכתא תחילתו בפשיעה וסופו באונס חייב

<u>מסכת בבא מציעא דף לו:</u>

אתמר פשע בה ויצאת לאגם ומתה כדרכה אביי משמיה דרבה אמר חייב רבא משמיה דרבה אמר פטור אביי משמיה דרבה אמר חייב כל דיינא דלא דאין כי האי דינא לאו דיינא הוא לא מבעיא למאן דאמר תחילתו בפשיעה וסופו באונס חייב דחייב אלא אפילו למאן דאמר פטור הכא חייב מאי טעמא דאמרינן הבלא דאגמא קטלה רבא משמיה דרבה אמר פטור כל דיינא דלא דאין כי האי דינא לאו דיינא הוא לא מיבעיא למאן דאמר תחילתו בפשיעה וסופו באונס פטור דפטור אלא אפילו למאן דאמר חייב הכא פטור מאי טעמא דאמרינן מלאך המות מה לי הכא ומה לי התם ומודי אביי דאי הדרא לבי מרה ומתה דפטור מאי טעמא דהא הדרא לה וליכא למימר הבלא דאגמא קטלה ומודי רבא כל היכא דאיגנבה גנב באגם ומתה כדרכה בי גנב דחייב מאי טעמא דאי שבקה מלאך המות בביתיה דגנבא הוה קיימא אמר ליה אביי לרבא לדידך דאמרת מלאך המות מה לי הכא ומה לי התם האי דאותביה רבי אבא בר ממל לרבי אמי ושני ליה בשנתנו לו בעלים רשות להשאיל ולימא ליה מלאך המות מה לי הכא ומה לי התם אמר ליה לדידכו דמתניתו אין רצוני שיהא פקדוני ביד אחר איכא לאותבה להאיא לדידי דאמינא אנת מהימנת לי בשבועה והאיך לא מהימן לי בשבועה ליכא לאותבה כלל מתיב רמי בר חמא העלה לראשי צוקין ונפלה אין זה אונס וחייב הא מתה כדרכה הרי זה אונס ופטור ואמאי לימא ליה אוירא דהר קטלה אי נמי אובצנא דהר קטלה הכא במאי עסקינן שהעלה למרעה שמן וטוב אי הכי נפלה נמי שהיה לו לתוקפה ולא תקפה אי הכי אימא רישא עלתה לראשי צוקין ונפלה הרי זה אונס איבעי ליה למיתקפה לא צריכא שתקפתו ועלתה תקפתו וירדה

<u>תוספות מסכת בבא קמא דף נב:</u>

ושכיחי גמלים והתליע מתוכו מהו - כלומר אם מתחילה עברו גמלים ואח"כ באו שוורים ונפלו פשיטא דחייב דפושע הוא כיון דשכיחי גמלים או אפי' אתו לפרקים איבעי ליה לאסוקי אדעתיה וכי מיבעיא לן היכא דלא אתו גמלים אלא באו שוורים ונפלו מחמת שהתליע מתוכו מאי אמרינן מגו או לא ומסיק דלא אמרינן מגו וא"ת כי לא אמרי' מגו נמי מתחייב דתחילתו בפשיעה הוא לענין שוורים אם יעברו גמלים תחילה ואח"כ שוורים וסופו באונס שהתליע ותירץ ריב"א דלא אמרינן תחילתו בפשיעה וסופו באונס חייב אלא היכא שמחמת הפשיעה בא האונס אבל הכא לא בא האונס מחמת הפשיעה דאפי' היה מכוסה כראוי לשוורים ולגמלים היה מתליע וכן משמע בהמפקיד (ב"מ לו: ושם) גבי פשע בה ויצאה לאגם דאפילו למ"ד תחילתו בפשיעה וסופו באונס חייב התם פטור דמלאך המות קטלה מה לי הכא מה לי התם וא"ת בהכונס (לקמן דף נו. ושם) גבי נפרצה בלילה קאמר בכותל רעוע כי חתרה אמאי פטור תחילתו בפשיעה וסופו באונס הוא והתם לא בא אונס מתוך הפשיעה דאפי' כותל בריא יכול לחתור וי"ל דלקמן פרש"י שחתרה והפילה הכותל ע"י חתירה הרי דמחמת הפשיעה שהיתה רעועה בא האונס דאם היה בריא לא היה נופל בחתירה ובסוף הפועלים (ב"מ דף צג: ושם) גבי רועה שהניח עדרו ובא לעיר ובא ארי ודרס דפריך אביי תחילתו בפשיעה וסופו באונס הוא דאי על בעידנא דלא עיילי אינשי אפילו לא היה יכול להציל אם היה שם חייב והתם לא בא האונס מחמת הפשיעה דמה לי הכא ומה לי התם כיון שאינו יכול להציל אומר ריב"ם [דפי' רב אלפס] דלאביי ודאי חייב אף על פי שלא בא האונס מחמת הפשיעה כדמשמע בהמפקיד (שם) דקאמר לא מבעיא למ"ד תחילתו בפשיעה וסופו באונס חייב כו' מכלל דלמ"ד חייב ניחא ליה לאביי בלאו טעמא דהבלא דאגמא קטלה ועוד דבלאו הכי מפרש שפיר התם ר"י דלא קשה כלום ואין להאריך כאן יותר אבל קשה לר"י דהיכי פשיט מנפל לתוכו שור חש"ו הא לא דמי כלל דהא לענין פקח בדין הוא שלא יחשב פושע ע"י מגו שהרי אין פושע לגבי שור פקח כלל אבל בבעיא דידן הוא פושע לענין שוורים כי מרעי (לגבי) גמלים לכיסוי ולכך יש להועיל שם המגו להחשב פושע לענין שוורים אף לענין התלעה ונראה לר"י דכסהו שלא כראוי לגמלים איירי בכה"ג שמיד שהגמלים עוברים נפחת תחתיהן הכיסוי דהשתא ליכא פשיעה בשוורים כלל ותחילתו וסופו באונס דאי לא אתו גמלים ראוי הוא לשוורים ואי אתו גמלים נפחת מכל וכל וחזו שוורים פקחים ומזהרים ולא נפלי ומ"מ מגו ודאי איכא ושפיר מיבעיא לן אי אמרי' מגו דהוי פושע לגמלים הוי פושע לשוורים בהתלעה ולפ"ז לא שייך תחילתו בפשיעה וסופו באונס דתחילתו וסופו באונס הוא וא"ת כיון שיודע דשור פקח פטור דלאו פושע הוא א"כ מאי קמיבעיא ליה תפשוט ממתני' דתנן שור חש"ו חייב הא פקח פטור ולא אמרינן מגו וי"ל דס"ד השתא דכל השוורים בין שוטים בין פקחים פטורין ביום וחייבין בלילה ומתני' מיירי בלילה וחרש דנקט לרבותא דס"ד דחרש לא מחייב כדבעי למימר לקמן דחרשותו גרמה לו ומהא דלא אמר מגו דהוי פושע בלילה הוי פושע ביום לא מצי למפשט מידי דלא דמיא כיון דבההיא שעתא הוא אנוס ועוד אור"י דמצי למימר דשפיר ידע האמת דפקח פטור וחרש חייב ונהי דלא אמר התם מגו משום דחשיב לפקח כמזיק עצמו וכמתכוין להפיל את עצמו לבור והתורה לא חייבה בתקלת הבור אלא כשאין לו לעיין ולילך אבל כשנפל ע"י התלעה אז יש להתחייב ע"י מגו כיון דלא שייך ביה טעמא דאיבעי ליה לעיוני ובמסקנא כשפושט הש"ס אין חושש בזה החילוק וא"ת אמאי נקט בעיא שלו בשכיחי גמלים אפילו לא שכיחי גמלים כלל יכול לשאול דלענין גמלים עצמן חשיב פושע וחייב עליו אם היו נופלים אפילו לא שכיחי כדמוכח בבעיא קמייתא וי"ל דבלא שכיחי או אפילו אתיין לפרקים פשיטא דלא אמרינן מגו כיון דלא שכיחי ביה חיובא דגמלים.

<u>**שיטה מקובצת מסכת בבא קמא דף נו.**</u>

אבל למ"ד תחילתו בפשיעה וסופו באונס מאי איכא למימר. וא"ת והלא לא בא האונס מחמת הפשיעה דאפילו שהיה הכותל בריא היה יכול לשמור. לפירוש רש"י ניחא שפירש שחתרה והפילה הכותל על ידי חתירתה הרי מחמת הפשיעה שהיה רעוע בא האונס שאם היה בריא לא היה נופל בחתירה. הקשה ר"מ לוקמה כגון שלא בא אונס מחמת הפשיעה כגון שחתרה ויצאה דרך חתירה ובכהאי גוונא פטור לכולי עלמא. ותירץ דמשמע ליה דחתרה והפילה הכותל מדקתני נפרצה בלילה ואהא קאמר והוא שחתרה דמשמע שנפרץ הכותל על ידי שחתרה. **הרא"ש ז"ל.**

והרא"ה ז"ל כתב וזה לשונו: אלא בכותל רעוע כי חתרה אמאי פטור תחילתו בפשיעה וסופו באונס הוא שהרי פשע כשהניחה שם ומפני שהניחה שם גם כן בא האונס שחתרה. ע"כ.

<u>**רבי עקיבא איגר מסכת בבא קמא דף נו.**</u>

תוד"ה מהו דתימא וכו' ק"ק דהו"ל למימר מהו דתימא וכו', ונראה ליישב קושיתם דלכאורה יש לעיין איך משני הש"ס מ"ד הו"ל תחילתו בפשיעה וכו' וקשה מאי הוי הא קיימינן למ"ד תחילתו בפשיעה וסופו באונס חייב, וראיתי שהרא"ש נזהר בזה ודחק דרבה אמר אפילו למ"ד תחילתו בפשיעה וסופו באונס פטור הכא חייב, אמנם נראה ליישב ברווחא ע"פ מ"ש התוס' לעיל (דף נ"ב ע"ב ד"ה ושכיחי גמלי) וא"ת בהכונס גבי נפרצה בלילה וכו' וי"ל דלקמן פירש"י שחתרה והפילה ע"י כותל וכו', נראה דמתחילה היו מפרשים דחתרה היינו שיצאתה בדרך שחתרה ולא בא האונס מחמת הפשיעה, ולזה כתבו דלשיטת רש"י דחתרה היינו שנפרצה הכותל שפיר בא האונס מחמת הפשיעה, אמנם קשה מנ"ל להש"ס למיפרך הניחא למ"ד וכו' אימא דמיירי שחתרה ויצאתה בלא פריצת הכותל, וצ"ל דלשון נפרצה היינו שנפל הכותל, או כיון דהדיוק הוא ביום אית לי' קלא כמ"ש התוס' ד"ה נפרצה וכו' וזהו דוקא בנפל הכותל, ומעתה י"ל דשפיר משני הש"ס דרבה קאי אסיפא וקאמר אפילו חתרה היינו חתרה ויצאת בלא נפילת הכותל דבזה תחילתו בפשיעה וסופו באונס פטור אפ"ה חייב דכולה בפשיעה היא.

ובזה מיושב קושית תוס' די"ל באמת חתירה בחמה אנוס הוא ולאו פשיעה היא, והא דקאמר הש"ס דכולה פשיעה היא היינו דקמ"ל דכולה בא ע"י פשיעה אף בלא נפילת הכותל דאמרי' אילו לא הניחה בחמה לא חתרה דדוקא בחמה כל טצדקי וכו' ובא האונס מחמת הפשיעה כיון דתחילתו בפשיעה וסופו באונס ובא האונס על ידי הפשיעה, אבל היכא דא"א לה לצאת בלא חתירה י"ל דלאו פושע הוא לגבי חתירה, ומיושב קושי' התוס'.

אמנם נראה דהדין עם התוס' דמיאנו לתרץ כן, דלפ"ז לא יתכן הלשון דקאמר הש"ס דא"ל מידע ידעית דכיון דשבקת כו' דמשמע דחייב מטעם דהו"ל לאסוקי' דעתי' ולא מטעם דהו"ל תחילתו בפשיעה וסופו באונס דהאונס בא מחמת הפשיעה, גם אפשר דס"ל להתוס' אף דהחתירה מטעם החמה לא הו"ל תחילתו בפשיעה וסופו באונס מ"מ לא הוי בא האונס מחמת הפשיעה, די"ל דהפשיעה שהי' לו לעשות המחיצה יותר חזקה אבל לא להניחה במקום אחר, גם לפי"מ שהעלו התוס' לעיל (דף נ"ב) דבמסקנא מיירי לעיל שאין הפשיעה לגבי שור רק לגבי גמלים משמע אילו הי' פשיעה לגבי שור היה חייב בהתליע אף דאין האונס בא מחמת הפשיעה, וע"כ כמ"ש שם היש"ש כיון דהאונס היה בענין הפשיעה דהפשיעה הי' שתפול בבור וכן הי' לא בעי' שתהי' אונס בא מחמת הפשיעה, וא"כ ה"נ בחתרה אף אם אין האונס בא מחמת

הפשיעה חייב למ"ד תחילתו בפשיעה וסופו באונס חייב כיון דסוף סוף האונס הי' מעין הפשיעה שתצא ותזיק וא"כ ליתא לדברינו וקושית התוס' במקומה עומדת.

אמנם נראה ליישב קושי' התוס' בדרך אחר, ומתחילה ניישב ברווחא מה דקשה על התרצן דקאמר מ"ד הוי תחילתו בפשיעה וסופו באונס דהא סוף סוף חייב כיון דקי"ל דתחילתו בפשיעה וסופו באונס חייב, ע"פ מ"ש הרי"ף בפרק המפקיד בסוגיא דפשע בה ויצאת באגם וכו' דאביי אליבא דרבה שם סבר דלא בעינן שתבוא האונס מחמת הפשיעה אבל רבא אליבא דרבה סבר דצריך שתבוא האונס מחמת הפשיעה וקי"ל כרבא, והא דפריך אביי בפ' הפועלים [דף צ"ג ב] א"ה תחילתו בפשיעה וסופו באונס אף בלא בא האונס מחמת הפשיעה היינו אביי לשיטתיה דסבר דלא בעינן שתבוא האונס מחמת הפשיעה ע"ש, א"כ י"ל דודאי חתירה לא בא האונס מחמת הפשיעה, [וגם הרי"ף ע"כ לא ס"ל סברת היש"ש הנ"ל דא"כ לא הקשה הרי"ף מההוא דהפועלים, ופשוט], והא דפריך הש"ס הניחא וכו' הכי פריך הניחא למ"ד תחילתו בפשיעה וסופו באונס פטור היינו לרבא אליבא דרבה דתחילתו בפשיעה וסופו באונס אם לא בא האונס מחמת הפשיעה פטור ניחא, אלא למ"ד וכו' היינו לאביי אליבא דרבה דלא בעי שתבוא האונס מחמת הפשיעה קשה מדברי רבה דהכא, ולזה משני הש"ס דרבה אמר אסיפא ואפילו חתרה, והא דקאמר הש"ס לא מבעיא וכו' זהו מדברי הש"ס, ולאביי באמת אשמועינן רבה דהחתירה הוי פשיעה אף היכא דאניס שא"י לצאת בפתח וכקושית התוס', או דקמ"ל דחייב דתחילתו בפשיעה וסופו באונס אף דלא בא האונס מחמת הפשיעה, והא דקאמר הש"ס מ"ד תחילתו בפשיעה וסופו באונס היינו לפסק הלכה דקי"ל כרבא אליבא דרבה דצריכה לבוא האונס מחמת הפשיעה א"כ החידוש דהחתירה הוי פשיעה אף במקום דבלא"ה פושע שתצא דרך הפתח וק"ל. [עיין מש"כ בחי' ב"מ דף ל"ו ב].

ומעתה יתיישב קושית התוס' עפ"י מה שהביא הש"ך [בחו"מ סי' רצ"א ס"ק י"ד] בשם הרש"ך דאף דתחילתו בפשיעה וסופו באונס חייב היינו באונס דשכיח קצת אבל באונס דלא שכיח כלל לא ע"ש, ואנכי מצאתי כן בבעל העיטור אות פ' שכתב ליישב דמה"ט בהתליע פטור ולא הוי תחילתו בפשיעה וסופו באונס דלא שכיח כלל, אמנם יש לעיין דלפ"ז מאי פריך הש"ס על רבה הניחא וכו' אימא דרבה סבר דהחתירה לא שכיח כלל, ולזה נראה עפ"י דברינו הנ"ל די"ל דסברת בעה"ע היינו רק לפסק הלכה דקי"ל דתחילתו בפשיעה וסופו באונס בעי שתבוא האונס מחמת הפשיעה אבל בלא"ה פטור, וע"כ אין החיוב דבעת שפשע קם ברשותו כמו שליחות ידו דא"כ בכל מילי לחייב, אע"כ דשרש החיוב כיון דפשע חשבינן על הכל פשע דהו"ל לאסוקי דעתי' גם על האונס, ומש"ה באונס דלא שכיח כלל פטור, אבל לאביי דלא בעי' שתבוא האונס מחמת הפשיעה, וע"כ גזירת הכתוב הוא (דבעינן) [דמעידן] פשיעותא קם לי' ברשותו לכל דבר א"כ אף באונס דלא שכיח כלל כן, וא"כ שפיר פריך הש"ס אלא למ"ד תחילתו בפשיעה וסופו באונס והיינו אביי וכנ"ל וחייב אף באונס דלא שכיח כלל.

ומעתה י"ל דהכי משני הש"ס דרבה קאי אסיפא ואפילו חתרה, והא דקאמר הש"ס לא מבעיא היינו מסתמא דהש"ס וכנ"ל, ולאביי באמת החידוש דתחילתו בפשיעה וסופו באונס אף בלא שכיח כלל חייב, ולרבא הא דקאמר הש"ס מ"ד דתחילתו בפשיעה וסופו באונס היינו אונס דלא שכיח כלל ולפטר קמ"ל דכולה פשיעה היינו דבעת פשיעה על יציאתה מפתח חשבינן הכל לפשיעה דא"ל מידע ידעית דכל טצדקי וכו' היינו דבחמה הוי אונס דשכיח קצת והו"ל לאסוקי דעתי' גם ע"ז, אבל לעולם שורש החתירה הוי אונס, ומיושב קושי' תוס' וק"ל.

ומה מאד תמוהים דברי הראב"ד [בפי"ב מהל' נזקי ממון ה"ה] שכתב התליע וכו' א"א הרי"ף לא הביא וכו' ע"ש, וקשה לי דהרי דעת הרי"ף להדיא בפ' המפקיד דבעינן שתבוא האונס מחמת הפשיעה אף היכא שנאנס מעין הפשיעה כעין ההוא דהפועלים, וצע"ג.

ולזה נ"ל דהרי"ף מפרש הסוגיא ג"כ כמ"ש תוס' במסקנא דלא הוי פושע לענין השור רק לענין גמלים, מהא דמדמי הש"ס לשור חרש ושור פקח, וממילא משמע דאם היה פושע לענין השור גופא כגון שהגמלים מתרועעים תחילה לכותל היה חייב אף דאין האונס בא מחמת הפשיעה, וע"כ הסוגיא אזלא לאביי דלא בעינן שתבוא האונס מחמת הפשיעה, ומש"ה השמיט הרי"ף הסוגיא דהוא שלא אליבא דהילכתא, כנלע"ד ברור.

ודברי היש"ש תמוהים לי שכתב בסוגיא דהתליע בכוונת הטור דמש"ה חייב בהתליע היכא דפשע לגבי שור אף דאין האונס בא מחמת הפשיעה משום דהאונס נעשה בענין הפשיעה ע"ש, וצ"ע דהיאך נוכל לומר כן בדעת הטור דהא כתב הטור [ריש סי' שצ"ו] דאם לא נעל בפני' כראוי וחתרה ויצאת דרך חתירה פטור כיון דאין אונס בא מחמת הפשיעה ע"ש, והרי התם ג"כ נעשה האונס מעין הפשיעה, וצלע"ג.

__רמב"ם הלכות נזקי ממון פרק ד הלכה ה__

הניחה בחמה אפילו חתרה ויצאת והזיקה חייב זה שהניחה שם שכיון שהניחה בחמה הרי היא מצטערת ובורחת ועושה כל שאפשר לה לעשות.

__לחם משנה הלכות נזקי ממון פרק ד הלכה ה__

שכיון שהניחה בחמה הרי היא וכו'. נראה דזהו מ"ש בגמרא בר"פ הכונס מאי טעמא דא"ל מידע ידעת דכיון דשבקה בחמה כל טצדקי דאית לה למעבד עבדה ונפקא ע"כ. וקשה דלא נאמר זה בגמרא אלא למ"ד תחלתו בפשיעה וסופו באונס פטור אבל אנן דקי"ל דחייב בלאו הכי חייב דתחלתו בפשיעה היא. וי"ל דמ"מ כתב רבינו ז"ל טעם מרווח אליבא דכולי עלמא דכולהו מודו ביה:

15. לסטים (דף נו.-נו:)

יש ללמוד את הגמרא בדף נו. שורה אחרונה, עד דף נו: – שורה 7.

תוספות ד"ה פשיטא – ב' דעות אם חייב משום שיש לו חיוב שמירה כיון שנמצא ברשות של הלסטים, או משום דנעשה לבעלים ע"י קנין. (ויש לדון בכעין זה בבעלים גופם, אם חייבים מצד בעלותם, או משום שנמצאים ברשותם ויש בידם היכולת לשמור, ולהכי חייב לשמור).

רמב"ם פ"ד מהל' נזקי ממון ה"ג, ראב"ד, מגיד משנה – דיון אם חייב מדין אדם או שן, ונ"מ אם חייב ברשות הרבים.

"הכישוה" – רש"י (בד"ה ולסטים נמי דבכישוה) פירש שחידשה הגמרא שהכישוה נמי נחשב כמשיכה, ומשמע שחייב משום שקנה בקנין גניבה. ובלחם משנה פירש שחייב (במעמיד) מדין אדם, ולא שן, ומבואר שאינו חייב מדין קנין גניבה, אלא מדין אדם, וכתב דלפי הרמב"ם "קם לה באפה" פטור מדין גרמא.

<u>מסכת בבא קמא דף נו.-נו:</u>

הוציאוה לסטים לסטים חייבין [**דף נו:**] פשיטא כיון דאפקוה קיימא לה ברשותייהו לכל מילי לא צריכא דקמו לה באפה כי הא דאמר רבה אמר רב מתנה אמר רב המעמיד בהמת חברו על קמת חבירו חייב מעמיד פשיטא לא צריכא דקם לה באפה אמר ליה אביי לרב יוסף הכישה אמרת לן ולסטים נמי דהכישוה

<u>תוספות מסכת בבא קמא דף נו:</u>

פשיטא כיון דאפקוה קיימא לה ברשותייהו לכל מילי - בהוציאוה לגוזלה איירי מתני' כדמוקי לה בירושלמי וא"ת ומנליה דקיימא ברשותייהו אפי' להתחייב על מה שהיא מזקת דאהכי קאי דקתני ויצאתה והזיקה דליכא למימר דכי היכי דמסרה לשומר חנם והשואל נכנסו תחת בעלים ה"ה גזלן דדלמא שומר הוא דמחייב אבל גזלן לא דמצינו דברים שהשומר חייב והגזלן פטור שהרי בכחשה בהמה הכחשה דהדרא ובפירות שהרקיבו מקצת מוכח בהגוזל קמא (לקמן ד' צח:) דגזלן אומר לו הרי שלך לפניך משום דלא חשיב שינוי ולא קנינהו ופטור אפילו בפשיעה דלא קבל עליו שמירה אבל שומר כיון שמתחייב בכחשה דלא הדר' ובהרקיבו כולם אם נעשו בפשיעה כמו כן יתחייב בכחשה דהדרא ובהרקיבו מקצתם כיון דקבל עליו שמירה דלמה לא יתחייב בזה כמו בזה שאין השומר קונה בשינוי ואפילו שואל דקי"ל דאף לשואל שמין כדרב כהנא ורב אסי (לעיל ד' יא.) ואין לומר דמתחייבי לפי שאינן יכולין לקיים בה מצות השבה דמשתלם מגופו דבשן ורגל איירי מתני' ויש כאן השבה מעליא כשמחזירים אותה לבעלים וי"ל דסברא הוא דגזלן נכנס תחת הבעלים דכיון שהוציא מרשות בעלים שהיו חייבין בשמירתה ואין הבעלים יכולים לשומרה לפי שנגזלה מהם יש על הגזלן לשומרה דלענין נזקין אקרו בעלים כל מי שבידו לשומרה ולא דמי לתפסו ניזק לר"ע (לעיל ד' לו:) דאפי' שומר חנם אינו על חלק חבירו דשותף אין מתכוין להחזיק רק בשלו ואינו בא להוציא חלק חבירו מרשותו כמו גזלן ועוד כיון דגזלן קמה ליה ברשותיה גם לענין אונסין יש לחשב בעלים יותר משותף והכי משמע לישנא דקמה ברשותייהו לכל מילי מה שהוא ברשותו לכל מילי יש לו להועיל כאן.

<u>רמב"ם הלכות נזקי ממון פרק ד הלכה ג</u>

המעמיד בהמת חבירו על גבי קמתו של חבירו המעמיד חייב לשלם מה שהזיק, וכן אם הכישה עד שהלכה לקמת חבירו והזיקה זה שהכישה חייב. **השגת הראב"ד:** המעמיד בהמת חבירו וכו' זה שהכישה חייב. א"א וכ"ש קם לה באפה.

<u>מגיד משנה הלכות נזקי ממון פרק ד הלכה ג</u>

המעמיד בהמת חבירו וכו'. מימרא שם (דף נ"ו:) ופי' וכ"ש בבהמה שלו. ומ"ש וכן אם הכישה וכו'. שם מבואר בגמרא ובהלכות. ובהשגות א"א וכ"ש קם לה באפה ע"כ. ולא ידעתי מהו דאדרבה קם לה באפה גרמא בלחוד הוא ופטור וכ"כ הוא עצמו בפירושיו וכן מוכח בגמרא שם ופשוט הוא. ודע שאפילו היו הפירות ברה"ר חייב המעמיד שאין זה שן שפטרה תורה ברה"ר שכאן המעמיד הוא שחייב:

<u>רש"י מסכת בבא קמא דף נו:</u>

ולסטים נמי דהכישוה - במקל ואשמועינן מתני' דהכישה במקל זו היא משיכה.

לחם משנה הלכות נזקי ממון פרק ד הלכה ג

המעמיד בהמת חבירו וכו' וכן אם הכישה וכו'. בהשגות וכ"ש קם לה באפה ע"כ. ה"ה כתב דלא ידע מאי
קאמר. ול"נ שהוא מפרש מ"ש בפ' הכונס א"ל אביי לרב יוסף הכישה במקל אמרת לן לא פליג אמאי דקאמר
לעיל לאוקמוה בדקם לה באפה כדפירש"י ז"ל דא"ל אביי דאין הפירוש כך אלא הכישה דוקא ולא קם לה
באפה דהוי גרמא בעלמא אלא שהוא מפרש בהפך דאביי אמר לרב יוסף את אמרת לן חדוש גדול יותר מזה
דלא מבעיא קם לה באפה אלא אפי' הכישה דאינה משיכה מעלייתא וגם לא גרם לו ההיזק בהחלט אפ"ה
חייב וכ"ש קם לה באפה ומשמע קצת הכי פשטא דשמעתתא מדמייתי א"ל אביי וכו' על הא דלעיל בסתמא
משמע דלא פליג ומ"מ דברי רבינו ז"ל כדברי רש"י ז"ל:

16. שומר שמסר לשומר (דף נו:)[1]

יש ללמוד את הגמרא בדף נו: שורה 7 עד שורה 19.

רש"י ד"ה שומר שמסר לשומר: יש לעיין בגמרא שהביא רש"י, בבא מציעא דף לו.-לו:, בענין שומר שמסר לשומר.

ויש לחקור אם חיובי שמירה נובעים מאומדנא של דעת בני אדם (שסתם שומר שכר קיבל על עצמו לשמור מגניבה ואבידה וכו'), או די"ל דדיני שומרים הוו גזירת הכתוב בעלמא. ויש לעיין גם במשנה (ב"מ דף צד.) דמתנה שומר חינם וכו', ולפי הצד הראשון שפיר יכול להתנות, אך לפי הצד השני זה חידוש. ואפשר שזה שייך לפלוגתת הגמ' הנ"ל - "אין רצוני וכו' וגם את מהימנת לי וכו'. ומלשון רש"י משמע דהוי מצד אומדין דעתו. וזה גם שייך לגמ' לשומר אבידה, שאין שם שום קבלת אחריות, אלא "רחמנא שעבדיה בע"כ".[2]

רש"י - ד"ה אלא תחתיו דשומר. פירש רש"י שמדובר במשנה ובכל הגמרא לענין חיובי שמירה לבעלים (ולא מצד חיובי נזק לאחר). ועיין ברמב"ם (פ"ד מהל' נזקי ממון הי"א) שפירש את הכל לענין נזק לאחר, ועיין בזה בים של שלמה בסימן ח. אך קשה על הגמרא אמאי לא הבינו את המשנה שלנו לענין נזק, ומימרא דרבא לענין שמירה וחיוב לבעלים, וכדמשמע. ואולי הבינו כן מתוך לשון הגמרא ש"נכנס תחתיו" משמע לכל דבר, וצ"ע. ועוד תירץ התור"ח (מובא בספר דבר יעקב) שאם מדובר כלפי הניזק, שוב י"ל "תנינא חדא זימנא", כיון שכבר למדנו שהשומר חייב כיון שהשור אצלו, ומאי שנא שומר ראשון משומר שני. ולפ"ז צ"ע על הרמב"ם איך יתרץ את זה.[3]

ברמב"ם הנ"ל שחלק על רש"י עיין בהשגת הראב"ד על הרמב"ם, שהבין את הגמרא כמו רש"י. וכתב המגיד משנה שלא הבין את קושית הראב"ד בכלל. ויוצא דלפי הרמב"ם קושית

[1] This סוגיא is very interesting. Although it is unrelated to the laws of damage in the rest of בבא קמא, students may enjoy the change.
[2] This is an interesting issue that is worth discussing.
[3] This issue of interpretation of the תלמוד must be addressed somehow, because it is inevitable that it will emerge from learning the גמרא.

הגמ׳ על רבא מבוססת על ההשואה בין דיני שמירת נזקיו לחיובי שמירה, ואילו להראב״ד ורש״י אין להשוותם, ולכן פירשו את המשנה כרש״י, וצ״ע בסברת הרמב״ם. ונראה לבאר דדעת הרמב״ם היא דחיובי שמירה נובעים מבעלות על הדבר, ואף שומר נעשה לבעלים לענין זה. וגם הבין הרמב״ם דחיובי שמירה על נזקי ממון חייבים מצד בעלות האדם עליהם. וממילא ס״ל להרמב״ם שיש להשוות ב׳ צדדי בעלות לענין אחריותו עליהם. ולפי״ז לא קשה כלל מהו החידוש הנוספת בשומר שני יותר משומר ראשון, דקמ״ל שיכול השומר לתת את הבעלות הזה לשומר שני.

אך דעת הראב״ד היא דשומר חייב משום שקיבל על עצמו חיוב שמירה, ואינו מצד בעלות, ולכן אינו שוה בכלל לחיובי נזיקין.

ועיין בב״מ (דף צט.) כדרך שתיקנו משיכה בלקוחות כך תיקנו משיכה בשומרים, ועי׳ בתוס׳ וברא״ש שפירשו דלענין חזרה מיירי, ואילו להתחייב באונסים, מיד כשקיבל אחריות חייב. אך הזכיר שם בהגהות הגר״א את שיטת הרמב״ם (פ״ב מהל׳ שכירות ה״ח) שסובר דלענין חיובי שמירה מיירי, וכ״כ הרשב״א (ב״מ דף פ:). ואפשר דפליגי בזה גופא, אם חיובי שמירה הוי מדין בעלות, ולהכי בעינן קנין, או דהוי התחייבות, ואינו ענין למשיכה.

[ודרך אגב, הביאו התוספות (שם) ראיה דלא בעינן קנין להתחייב בשמירה מבבא מציעא (דף פ:), הנח לפני ש״ח, ועי׳ ברשב״א (שם) שתירץ שהניח בסימטא ובתוך ד׳ אמות. ואולי יש לתרץ עוד לדעת הרמב״ם דשאני שומר חנם, שחייב בפשיעה מדין מזיק, וכמש״כ הרמב״ם בפ״ב מהל׳ שכירות ה״ג, והראב״ד שם חלק על הרמב״ם. ועוד נ״מ בזה לענין איסור בל יראה בשומר חמץ בפסח, ועיין ברמב״ם בפ״ד מהל׳ חו״מ ה״ד, ובהשגות הראב״ד.][4]

[4] This entire analysis may be too difficult and abstract. The concept of בעלות may be explained by a comparison to ownership, in that the owner suffers the loss regardless of negligence, etc. That is simply the nature of ownership. Similarly, the שומר takes on the status of owner in this sense. Alternatively, אחריות is the notion that the שומר is responsible because of a commitment that was made.

מסכת בבא קמא דף נו:

מסרה לרועה נכנס הרועה כו' אמרי תחתיו דמאן אילימא תחתיו דבעל בהמה תנינא חדא זמנא מסרו לשומר חנם ולשואל לנושא שכר ולשוכר כולן נכנסו תחת הבעלים אלא תחתיו דשומר ושומר קמא אפטר ליה לגמרי לימא תיהוי תיובתא דרבא דאמר רבא שומר שמסר לשומר חייב אמר לך רבא מאי מסרו לרועה לברזיליה דאורחיה דרועה למימסר לברזיליה איכא דאמרי מדקתני מסרה לרועה ולא קתני מסרה לאחר ש"מ מאי מסרה לרועה מסר רועה לברזיליה דאורחיה דרועה למימסר לברזיליה אבל לאחר לא לימא מסייע ליה לרבא דאמר רבא שומר שמסר לשומר חייב אמרי לא דלמא אורחא דמילתא קתני והוא הדין לאחר

רש"י מסכת בבא קמא דף נו:

שומר שמסר לשומר חייב - אפילו באונסין דאמר ליה מפקיד את מהימנת לי בשבועה איהו לא מהימן לי בשבועה שנאנסה בפ' המפקיד (ב"מ לו:).

מסכת בבא מציעא דף לו.-לו:

אתמר שומר שמסר לשומר רב אמר פטור ורבי יוחנן אמר חייב אמר אביי לטעמיה דרב לא מבעיא שומר חנם שמסר לשומר שכר דעלויי עלייה לשמירתו אלא אפילו שומר שכר שמסר לשומר חנם דגרועי גרעה לשמירתו פטור מאי טעמא דהא מסרה לבן דעת ולטעמיה דרבי יוחנן לא מיבעיא שומר שכר שמסר לשומר חנם דגרועי גרעה לשמירתו אלא אפילו שומר חנם שמסר לשומר שכר דעלויי עלייה לשמירתו חייב דאמר ליה אין רצוני שיהא פקדוני ביד אחר אמר רב חסדא הא דרב לאו בפירוש אתמר אלא מכללא דהנהו גינאי דכל יומא הוו מפקדי מרייהו גבה דההיא סבתא יומא חד אפקדינהו לגבי חד מינייהו שמע קלא בי הלולא נפק אזל אפקדינהו לגבה דההיא סבתא אדאזל ואתא אגנוב מרייהו אתא לקמיה דרב ופטריה מאן דחזא סבר משום שומר שמסר לשומר פטור ולא היא שאני התם דכל יומא נמי אינהו גופייהו גבה דההיא סבתא הוו מפקדי להו יתיב רבי אמי וקאמר לה להא שמעתא איתיביה רבי אבא בר ממל לרבי אמי השוכר פרה מחבירו והשאילה לאחר ומתה כדרכה ישבע השוכר שמתה כדרכה והשואל משלם לשוכר ואם איתא לימא ליה אין רצוני שיהא פקדוני ביד אחר אמר ליה הכא במאי עסקינן בשנתנו לו (רשות הבעלים) מסורת הש"ס [הבעלים רשות] להשאיל אי הכי לבעלים בעי לשלומי דאמרו ליה לדעתך מתיב רמי בר חמא המפקיד מעות אצל חבירו צררן והפשילן לאחוריו מסרן לבנו ובתו הקטנים ונעל בפניהם שלא כראוי חייב שלא שמר כדרך השומרים טעמא דקטנים הא גדולים פטור אמאי נימא ליה אין רצוני שיהא פקדוני ביד אחר אמר רבא כל המפקיד על דעת אשתו ובניו הוא מפקיד אמרי נהרדעי דיקא נמי דקתני או שמסרן לבנו ובתו הקטנים חייב הא לבנו ולבתו הגדולים פטור מכלל דלאחרים לא שנא גדולים ולא שנא קטנים חייב דאם כן ליתני קטנים סתמא שמע מינה אמר רבא הלכתא שומר שמסר לשומר חייב לא מבעיא שומר שכר שמסר לשומר חנם דגרועי גרעה לשמירתו אלא אפילו שומר חנם שמסר לשומר שכר חייב מאי טעמא דאמר ליה את מהימנת לי בשבועה האיך לא מהימן לי בשבועה

מסכת בבא מציעא דף צד.

משנה מתנה שומר חנם להיות פטור משבועה והשואל להיות פטור מלשלם נושא שכר והשוכר להיות פטורין משבועה ומלשלם כל המתנה על מה שכתוב בתורה תנאו בטל וכל תנאי שיש מעשה בתחילתו תנאו בטל וכל שאפשר לו לקיימו בסופו והתנה עמו מתחילתו תנאו קיים

רש"י מסכת בבא קמא דף נו:

אלא תחתיו דשומר - והכי משמע מסרה שומר לרועה נכנס הרועה תחתיו ואזלי בעלים ומשתעו דינא בהדי שני והראשון מסתלק.

רמב"ם הלכות נזקי ממון פרק ד הלכה יא

מסר השומר לשומר אחר השומר הראשון חייב לשלם לניזק, שהשומר שמסר לשומר חייב, והרי הניזק אומר לו למה לא שמרת אתה בעצמך ומסרת לאחר שלם לי אתה ולך עשה דין עם השומר שמסרת לו אתה, מסרה השומר לבנו או לבן ביתו או למסעדו נכנסו תחת השומר וחייבין. **השגת הראב"ד:** מסר השומר לשומר אחר וכו' שלם לי אתה ולך עשה דין עם השומר שמסרת לו אתה. א"א כל זה אינו מחוור אלא הניזק גובה מן השני או מאיזה שירצה ועד שאומר לשומר יאמר לבעלים למה לא שמרת אתה את שורך וחיי ראשי כל מה שכתב בזה שלא לצורך הוא דליכא למימר הכא אין רצוני שיהא פקדוני ביד אחר שהרי הבעלים אינם מפסידים כלום.

ים של שלמה מסכת בבא קמא פרק ו סימן ח

דין רועה הראשון שמסר לתלמידו, או לבני ביתו, והוזק, נסתלק הרועה הראשון. אבל מסר לאחר, גובה הניזק מאיזה שירצה:

מתניתין (נ"ה ע"ב) מסרה לרועה, נכנס רועה תחתיו. ופריך בגמרא (נ"ו ע"ב) אילימא תחתיו דבעל בית. תנינא חדא זימנא, בפרק ד' וה' (לעיל מ"ד ע"ב) סימן ל'. מסרו לש"ח ולשואל לנושא שכר והשוכר. כולן נכנסו תחת הבעלים. אלא תחתיו דשומר, ומסיק, א"כ לימא תיובתא דרבא. דאמר בפ"ק (י"א ע"ב) סי' ל"ב שומר שמסר לשומר חייב. א"ל רבא, הב"ע כגון שמסר שומר הראשון לרועה ברזילי', שהוא תלמידו. ואורחא דמילתא דרועה מוסר לברזילי', וא"כ נסתלק הראשון. ולאו דוקא ברזילי', אלא ה"ה בנו ובן ביתו ומסעדו, כאשר כתב הרמב"ם (הל' נזקי ממון פ"ד הי"א). אבל לאחר, לא איסתלק השומר הראשון. ופירש"י תחתיו דשומר. והכי משמע, מסרה שומר לרועה, נכנס הרועה תחתיו. ואזלי בעלים ומשתעי דינא בהדא שני. והראשון יסתלק. יראה מפירושו, שמפרש המשנה, שאיירי כגון שהוזקה הבהמה, דבעלים הראשונים גובין הזיקו מרועה השני. וכן יראה מלשון הטור (סימן שצ"ו). ולכאורה משמע הכי, דאי איירי בהזיק לאחרים, א"כ מאי פריך מרבא, דאמר שומר שמסר לשומר חייב. דילמא היינו היכא שהוזק. מטעמא שיאמר, המפקיד השני הוא לא מהימן לי בשבועה. או אין רצוני שיהא פקדוני ביד אחר. אבל בהזיק לאחרים, שהבעלים הראשונים נסתלקו כבר. מאי איכא למימר, ודילמא שפיר איסתליק שומר הראשון, כמו שנסתלקו הבעלים. ומכל מקום כי דייקת במתניתין לא משמע הכי. דכולי מתניתין דלעיל מיניה, ואף הסיפא איירי במה שמזיק לאחרים. ולא איירי מתניתין כלל בהוזק הבהמה. וכן פירש הרמב"ם במשנה. לכן נראה לפרש, דסבר תלמודא, כי היכא שהוזק הבהמה גבי שומר שני, פשיטא שחייב השומר הראשון, מטעמא דפי'. ה"ה היכא שמזיק, נאמר לו ג"כ. מאחר ששנית דעת בעלים הראשונים, מאחר שלא שמרת·

בעצמך. א"כ הבהמה עדיין ברשותך קיימא, ואתה חייב בנזקה. ולך ודון עם השני. וכן כתב הרמב"ם (שם) וז"ל, השומר הראשון חייב לשלם, שהניזק אומר לשומר הראשון, למה לא שמרת (שורך) בעצמך, ומסרת לאחר. לך ושלם לי, ועשה דין עם השומר שמסרת לו אתה. והראב"ד (שם) השיג עליו, וכתב, גובה מאיזה שירצה. בין מן הראשון בין מן השני. וכתב המגיד משנה (שם) אין כאן מקום להשגה כלל. כי הדברים מבוארים בגמרא שם עכ"ל. ותימא לי, כי אחר זה חפשנו ולא מצאנוהו בסוגיא דהכונס כלל. אם משתלם מן הראשון או מן השני. וכן הביא הטור (שם) השגת הראב"ד. אבל קשה לי על הראב"ד, מנ"ל, דילמא הרמב"ם גופיה נמי ס"ל הכי. שאם ירצה הניזק ישתלם מן השני, שהוא הזיק אצלו. רק שהוא מדבר היכא שלא יכול להשתלם מן השני, כגון שהוא עני, או בעל דין קשה. הילכך נראה, היכא שהזיק גובה הניזק מאיזה שירצה, כדברי הראב"ד:

<u>מגיד משנה הלכות נזקי ממון פרק ד הלכה יא</u>

מסר השומר לשומר וכו'. משנה (דף מ"ד) וגמרא בפ' הכונס (דף נ"ו:). ומ"ש מסר השומר לבנו וכו'. מבואר שם מאמרם בעלמא (ב"מ ל"ו) כל המפקיד על דעת אשתו ובניו הוא מפקיד. ומ"ש נכנסו תחת השומר. פירושו שאפילו אין להם לשלם לאלו הוא פטור ואין כאן מקום להשגה כלל ולא ידעתי מה היא שהרי הדברים מבוארים שם בגמרא ולזה לא כתבתיה:

<u>מסכת בבא מציעא דף צט.</u>

דאמר רבי אלעזר כדרך שתקנו משיכה בלקוחות כך תקנו משיכה בשומרים תניא נמי הכי כשם שתקנו משיכה בלקוחות כך תקנו משיכה בשומרים

<u>תוספות מסכת בבא מציעא דף צט.</u>

כך תקנו משיכה בשומרים - לא להתחייב באונסין קאמר דהא שומר חנם בלא משיכה חייב בפשיעה כדאמרינן פרק האומנין (לעיל דף פ:) דהנח לפני שומר חנם והוא הדין שומר שכר בגניבה ואבידה ואי אשואל קאמר מדאורייתא נמי לא קני אלא במשיכה וליכא למימר דקאי אשוכר שתקנו משיכה ולא קנו מעות דהא שכירות אינה משתלמת אלא לבסוף ועוד מאי פליגא דאמר הכא אלא לענין חזרה קאמר דשוכר ושואל מיד שמשכו הבהמה מרשות הבעלים אין בעלים יכולין עוד לחזור והיינו דקאמר ופליגא דרב הונא.

<u>רא"ש מסכת בבא מציעא פרק ח סימן טו</u>

אמר רב הונא השואל קורדום מחבירו בקע בו קנאו ולא מצי משאיל למיהדר לא בקע בו לא קנאו ומצי משאיל הדר ביה. ופליגא דרבי אלעזר דאמר רבי אלעזר כדרך שתקנו משיכה בלקוחות כך תקנו משיכה בשומרין דמשעה שמשך לא מצי למיהדר ביה. אבל להתחייב באונסים אפילו קודם משיכה נמי דהא שומר חנם בלא משיכה מיחייב בפשיעה. כדאיתא לעיל בפרק האומנין (דף פ ב) דהנח לפני הוי שומר חנם. והוא הדין שומר שכר בגניבה ואבידה. וכן שואל נמי אם אמר ליה הכישה במקל והיא תבוא ויצאה לרשות הרבים במקום שאין משיכה קונה ויכול המשאיל לחזור בו. ולא עדיף ממה שאם משך השואל שם ואפילו הכי נתחייב באונסים. וכן משמע לישנא דקאמר ופליגא דר' אלעזר משמע דפליג ארב הונא דאיירי בחזרה. וסברא גדולה לחלק בין חזרה לחיוב אונסין. דלענין חזרה ברשות הבעלים קיימא כ"ז שלא עסק בה השומר

דבר הקונה במקח וממכר. אבל לענין חיוב אונסין מיד שסלק בעל הבהמה שמירתה מעליה מדעת השומר קמה לה ברשות השומר לשומרה [דף צט ע"ב] וכשם שהקרקע נקנית בכסף ובשטר וחזקה כך שכירות קרקע נקנית בכסף ובשטר ובחזקה:

רמב"ם הלכות שכירות פרק ב הלכה ח

כדרך שתקנו חכמים משיכה בלקוחות כך תקנו משיכה בשומרין, האומר לחבירו שמור לי זה ואמר לו הנח לפני הרי זה ש"ח, אמר לו הנח לפניך או הנח סתם או שאמר לו הרי הבית לפניך אינו לא ש"ח ולא שומר שכר ואינו חייב שבועה כלל אבל מחרים על מי שלקח הפקדון שלו ולא יחזירו לבעליו וכן כל כיוצא בזה, אחד המפקיד או המשאיל או המשכיר את חבירו בעדים או שלא בעדים דין אחד יש להן כיון שהודה זה מפי עצמו ששמר לו או ששאל ממנו הרי זה נשבע שבועת השומרין שאין אומרים מיגו לפוטרו משבועה אלא לפוטרו מלשלם, אפילו היה הדבר השאול או המופקד או המושכר שוה פרוטה הרי זה השומר נשבע עליו ואין אחד מן השומרים צריך להודייה במקצת.

מסכת בבא מציעא דף פ:

משנה כל האומנין שומרי שכר הן וכולן שאמרו טול את שלך והבא מעות שומר חנם שמור לי ואשמור לך שומר שכר שמור לי ואמר לו הנח לפני שומר חנם הלוהו על המשכון שומר שכר רבי יהודה אומר הלוהו מעות שומר חנם הלוהו פירות שומר שכר אבא שאול אומר רשאי אדם להשכיר משכונו של עני להיות פוסק והולך עליו מפני שהוא כמשיב אבידה

חידושי הרשב"א מסכת בבא מציעא דף פ:

וא"ל הנח לפני שומר חנם. וא"ת ובמאי מיחייב והא אמרינן כדרך שתקנו משיכה בלקוחות כך תקנו משיכה בשומרים, יראה לי דהניח לפניו בסמטה ובתוך ארבע אמותיו, וא"נ בבהמה ובשאמר לו הכישה במקל והיא תבא וכדאמרינן לקמן בפרק השואל הכישה במקל והיא תבא כיון שיצאה מרשות משאיל ומתה חייב. הראב"ד ז"ל. (מ"מ).

רמב"ם הלכות חמץ ומצה פרק ד הלכה ד

גוי אנס שהפקיד חמצו אצל ישראל אם יודע הישראלי שאם אבד או נגנב מחייבו לשלמו וכופהו ואונסו לשלם אף על פי שלא קבל אחריות הרי זה חייב לבערו, שהרי נחשב כאילו הוא שלו מפני שמחייבו האנס באחריותו. **השגת הראב"ד**: גוי אנס שהפקיד חמצו אצל ישראל. א"א דבר זה הוציא ממאי דאמר להו רבא לבני מחוזא בעירו חמירא דבני חילא כיון דאילו מיגניב ברשותייכו הוא כדידכו דמי /פסחים/ (ה) ונדמה לו שזה האחריות מן האנס הוא ועל כרחם היה וא"כ במוצאי הפסח איך היה נמצא שהיה אומר להם רב נחמן /פסחים/ (ל) פוקו ואייתו לן חמירא דבני חילא והלא נשרף היה כשלהם, אלא ודאי לא היה אונס בדבר כלל ויכולים היו להחזירו לשמירת עצמן כשירצו וערב הפסח החזירוהו להם ומוצאי הפסח נטלוהו מהם והתשלומין שהם מן האונס אינן כדין אחריות.

<u>רמב"ם הלכות שכירות פרק ב הלכה ג</u>

יראה לי שאם פשע השומר בעבדים וכיוצא בהן חייב לשלם שאינו פטור בעבדים וקרקעות ושטרות אלא מדין גניבה ואבידה ומתה וכיוצא בהן שאם היה ש"ח על מטלטלין ונגנבו או אבדו ישבע ובעבדים וקרקעות ושטרות פטור משבועה, וכן אם היה שומר שכר שמשלם גניבה ואבידה במטלטלין פטור מלשלם באלו, אבל אם פשע בה חייב לשלם שכל הפושע מזיק הוא, ואין הפרש בין דין המזיק קרקע לדין המזיק מטלטלין ודין אמת הוא זה למבינים וכן ראוי לדון, וכן הורו רבותי שהמוסר כרמו לשומר בין באריסות בין בשמירות חנם והתנה עמו שיחפור או יזמור או יאבק משלו ופשע ולא עשה חייב כמי שהפסיד בידים וכן כל כיוצא בזה שהפסיד בידים חייב על כל פנים. **השגת הראב"ד:** יראה לי שאם פשע השומר וכו' עד המזיק מטלטלין וכו'. א"א ואם אמת הוא זה ש"ח (שומר חינם) למה אינו נשבע על טענתו שלא פשע שהרי אם פשע משלם ואם נפשך לומר הלא מודה במקצת שאם יודה ישלם ואעפ"כ אינו נשבע הרי אמרה תורה כלל ופרט בש"ח וכלל ופרט בש"ש מה ש"ש (שומר שכר) מיעט את אלו מעיקר התשלומין ולא מן השבועה לבדה אף ש"ח שמיעט את אלו אף מעיקר התשלומין מיעטן ולא מן השבועה לבדה ואין פושע מזיק שאם היה כן פשיעה בבעלים למה פטור אלא שאין פושע דומה למזיק עכ"ל. **השגת הראב"ד:** וכן הורו רבותי וכו' עד עכ"פ. א"א משנתנו היא אם אוביר ולא אעביד אשלם במיטבא משום דבידו היא ועשאוה כתנאי ב"ד ושכיר שהפסיד מלאכתו דבר פשוט הוא שהוא מזיק בידים שתלא טבחא אומנא מותרים ועומדין הן עכ"ל.

17. שומר אבידה (דף נו:–נז.)[1]

יש ללמוד את הגמרא בדף נו: 6 שורות מסוף העמוד עד סוף העמוד (ואולי יש לעיין גם בהמשך הסוגיה בדף נז.)

העוסק במצוה פטור מן המצוה[2]

תוספות ד"ה בההיא: כנראה, שורש הענין של עוסק מצוה הוא שיכוין על המצוה שעושה, ואי אפשר לעשות ב' מצוות ביחד, וממילא פטור על השני, ויש להשוות למוסג של "אין עושין מצות חבילות חבילות".

בגמרא – "כיון דרחמנא שעבדיה בע"כ" – ויש לעיין בכונת הגמרא כאן. ונראה שהענין הוא דשמירה רגילה היא כעין חיובי שומר שכר/שוכר, אלא דשואל ושומר חינם הוו יוצאים מן הכלל, כיון שעושים טובות (או לשומר, או לבעלים), ולכן חייבים יותר או פחות מחיוב רגיל. אך בשומר אבידה, כיון שאינו עושה טובה לבעל הבית, כיון שחייב לשמור מגזירת המלך, ממילא חייב בשמירה רגילה של גניבה ואבידה. ונראה דלאידך טעם בגמ', ס"ל דאע"פ שע"כ חייב להחזיר ולשמור, אין זה כעין חיוב בין אדם לחבירו אלא חיוב לשמים, ולכן אינו מתחייב יותר לבעל האבידה.

נראה שעיקר הענין הוא בגדר הקשר שבין החיוב מצוה של השבת אבידה לדיני ממון, ויש להשות את זה לסוגית "דיני אדם ודיני שמים" ולסוגית "זה נהנה וזה לא חסר–כופין אותו על מדת סדום" דלעיל.[3]

[1] This is a very interesting topic and all of the issues that emerge are quite engaging.

[2] Some students may learn this topic in מסכת סוכה. It can be taught here as a brief review or as a concise introduction to the issue. If the students never learned it and it is not in the syllabus, it may be worthwhile to give some more exposure to this topic of עוסק במצוה, as it is an interesting issue and is an important ידיעה to have.

[3] In other words, whether השבת אבידה is fundamentally בין אדם למקום or בין אדם לחבירו, does the Torah impose an obligations towards the "loser," or is it a "favor" in respect to the other person, and an obligation to ה'?

מסכת בבא קמא דף נו:

איתמר שומר אבידה רבה אמר כשומר חנם דמי רב יוסף אמר כש"ש דמי רבה אמר כשומר חנם דמי מאי הנאה קא מטי ליה רב יוסף אמר כש"ש דמי בההיא הנאה דלא בעיא למיתבי ליה ריפתא לעניא הוי כש"ש איכא דמפרשי הכי רב יוסף אמר כש"ש דמי כיון דרחמנא שעבדיה בעל כורחיה הלכך כש"ש דמי (סימן החזירה לעולם השב חייא אמרת נשבר שכר)

תוספות מסכת בבא קמא דף נו:-נז.

בההיא הנאה דלא קבעי למיתב ריפתא לעניא - משום דעוסק במצוה ודוקא בשעה דמתעסק בה כגון שוטח לצורכה או משום עסק שצריך לה לאבידה אבל בשביל שאבידה בביתו לא יפטר מלמיתב ריפתא לעניא כיון שיכול לקיים שתיהם כדמוכח בסוכה (דף כה. ושם) דלא נפקא לן מקרא דעוסק במצוה פטור מן המצוה אלא דוקא היכא שאינו יכול לקיים שתיהם וסברא הוא דאטו אדם שיש לו תפילין בראשו וציצית בבגדו ומזוזה בפתחו יפטר מן המצות ועוד דבפרק אין בין המודר (נדרים לג:) אמר דפרוטה דרב יוסף לא שכיח ואי פטרת ליה כל זמן שהאבידה בביתו שכיח ושכיח הוא פסק ר"ח וה"ג דהלכה כרב יוסף משום דאמרינן באין בין המודר (שם) דכ"ע אית להו פרוטה דרב יוסף ואפילו מאן דשרי למודר להחזיר אבידה לא שרי אלא משום דפרוטה דרב יוסף לא שכיח ואור"י דאינה ראיה כלל דגם רבה מודה לרב יוסף דעוסק במצוה פטור מן המצוה אלא דס"ל דלא נעשה שומר שכר בכך ומ"מ הוא נהנה לכך אסור למודר אבל לא הוה שומר שכר ואין לדקדק נמי בשמעתין דהלכה כרב יוסף דמשני רב יוסף לעולם בגינתו המשתמרת וקמ"ל דלא בעינן דעת בעלים כדרבי אלעזר והכי מוקי לה סוגיא דאלו מציאות (ב"מ ד' כט. ושם) כי נראה דרבה קבלה מרב יוסף דקרא כדר"א אתי ורבה נמי שהיה מדקדק מתחילה דכשומר חנם דמי לא משמע ליה קרא אלא אסמכתא בעלמא דהא טעמא משום דמאי הנאה קא מטי ליה כדלעיל ולא פליגי רבה ורב יוסף אלא בסברא בעלמא וה"פ דההיא דאלו מציאות (שם ד' לא.) אי דמנטרא לרבה כדאית ליה מפשיעה לרב יוסף כדאית ליה מגניבה ואבידה פשיטא דלהא לא צריך קרא ונראה לר"י דהלכה כרבה בכל מקום לגבי רב יוסף בר משדה ענין ומחצה כדאיתא במי שמת (ב"ב ד' קמג:) ואין לפרש דהיינו דוקא בבבא בתרא כמו שיש מפרשים מדאמר במי שאחזו (גיטין ד' עד: ושם) ותסברא והא קי"ל כרבה ובהא אין הלכה כרשב"ג ואין לומר דשמא בההיא מילתא קיימא לן דהלכה כרבה דהוה ליה למימר והא קי"ל בהא הלכתא כרבה כדאמר ובהא אין הלכה כרשב"ג ועוד דבפרק המפקיד (ב"מ מג.) גבי מפקיד מעות אצל שולחני מותרים ישתמש בהן (צרורים לא ישתמש בהן) לפיכך אם אבדו חייב באחריותם קאמר רב נחמן דקי"ל כוותיה בדיני נאנסו לא דמשום שהתירו לו חכמים להשתמש בהן אינו נעשה רק שומר שכר א"כ באלו מציאות (שם דף כט.) גבי מה יהא בדמים רבי טרפון אומר ישתמש בהן לפיכך אם אבדו חייב באחריותן לא הוי אלא ש"ש כמו שאמר שם לרבה ואין לומר דהתם מודה רב נחמן דחייב באונסין משום היתר תשמיש משום דבלאו הכי היה שומר שכר שהיה שומר אבידה דאין זה סברא דמשום שני סברות דפטור מלמיתב ריפתא לעניא ועוד דמותר להשתמש לא יעשה בשביל כך שואל אלא ש"ש בעלמא ועוד יש להביא ראיה דהלכתא כרבה מדמוקי סתמא דגמרא מתניתין דהאומנין (ב"מ דף פ:) הלוהו על המשכון שומר שכר מחוורתא דלא כרבי אליעזר דאמר במלוה חבירו על המשכון ואבד ישבע ויטול מעותיו ולרב יוסף הו"מ לאוקמה אפילו כרבי אליעזר דלמסקנא מוקי כולהו אליביה ופלוגתייהו במלוה צריך למשכון אי מצוה קעביד אי לא פי' שצריך למשכון להשתמש בו ופוחת לו והולך מהלואתו כך פירש התם בקונטרס וא"כ הו"מ לאוקמה מתניתין באין צריך למשכון דכ"ע

[דף נז.] מצוה קעביד ולכל הוי כשומר שכר והא דבעי לאוקמא פלוגתייהו בדרבה ורב יוסף והוי רבה כר"א שהוא שמותי ועוד קאמר לימא דרב יוסף תנאי היא ומסיק דרב יוסף ככולי עלמא ומשמע דרבה ודאי תנאי היא ואינו יכול להעמיד אלא כר"א ולא כרבי עקיבא דאי לרבי עקיבא ודאי הוי שומר שכר אי אפשר לומר כן דעל כרחך לרבה אפי' לרבי עקיבא שומר חנם הוי דבאלו מציאות (ב"מ דף כט. ושם) לרבה לא הוי לרבי טרפון דמתיר להשתמש אלא שומר שכר א"כ לר"ע לא הוי אלא שומר חנם לכך נראה דרבה לא יעמיד כלל פלוגתייהו בשומר אבידה אלא יאמר דלכולי עלמא שומר חנם הוי ופלוגתייהו בדשמואל דר"ע אית ליה דשמואל אבד קתא דמגלא אבד אלפא זוזי ור"א לית ליה דשמואל ורב יוסף כי מוקי פלוגתייהו בדשמואל לא קאי רבי אליעזר כוותיה שהוא פוטר את המלוה באבידה אף מדמי המשכון ולכך מוקי פלוגתייהו בשומר אבידה והוי כר"ע וקאמר לימא דרב יוסף תנאי היא דרבה ודאי לאו תנאי דמוקי פלוגתייהו בדשמואל ומסיק דכולי עלמא אית להו דרב יוסף כו' והא דתנן בשבועות (ד' מג. ושם) סלע הלויתני עליו ושתים היה שוה דמשמע שחייב לשלם המשכון כשאבד מיירי שאבד בפשיעה לרבה דאמר שומר חנם הוי.

18. יוהרא (דף נט)

יש ללמוד את הגמרא בדף נט. בשורה האחרונה עד דף נט: שורה 15[1]

<u>תוספות</u> ד"ה הוה – קשור ל<u>סנהדרין</u> (דף עד) – בענין צבע המנעלים – ו<u>סוכה</u> (דף כו:–כז.) בענין מחזי כיוהרא.

---

[1] This unit raises the important value of mourning for Yerushalayim as well as the value of humility in religious practice.

<u>מסכת בבא קמא דף נט.-נט:</u>

אליעזר זעירא **[דף נט:]** הוה סיים מסאני אוכמי וקאי בשוקא דנהרדעא אשכחוהו דבי ריש גלותא וא"ל מאי שנא הני מסאני אמר להו דקא מאבילנא אירושלים אמרו ליה את חשיבת לאיתאבולי אירושלים סבור יוהרא הוה אתיוה וחבשוה אמר להו גברא רבה אנא אמרו ליה מנא ידעינן אמר להו או אתון בעו מינאי מילתא או אנא איבעי מינייכו מילתא אמרו ליה בעי את אמר להו האי מאן דקץ כופרא מאי משלם אמרו ליה משלם דמי כופרא והא הוו תמרי א"ל משלם דמי תמרי אמר להו והא לאו תמרי שקל מיניה אמרו ליה אימא לן את אמר להו בששים אמרו ליה מאן אמר כוותיך אמר להו הא שמואל חי ובית דינו קיים שדרו קמיה דשמואל אמר להו שפיר קאמר לכו בששים ושבקוהו

<u>תוספות מסכת בבא קמא דף נט:</u>

הוה סיים מסאני אוכמי - הוה סיים מסאני אוכמי - משמע שלא היו רגילין במנעלים שחורין וכן משמע בסדר תעניות אלו (תענית כב. ושם) דקאמר אדהכי אתא ההוא גברא דסיים מסאני אוכמי ולא רמי חוטי כדי שלא יכירו בו שהוא יהודי ותימה דבפ"ק דביצה (דף טו.) תנן אין משלחין מנעל לבן ביום טוב מפני שצריך ביצת הגיר להשחירו משמע שלא היו נועלים אלא שחור ואומר ר"ת דהמנעל ודאי היה שחור אבל הרצועות היו לבנות ומסאני אוכמי דהכא ודמסכת תענית היינו המנעל והרצועות הכל היה שחור והיינו דאמרינן בפרק בן סורר (סנהדרין דף עד: ושם) בשעת השמד אפי' לשנויי ערקתא דמסאני אסור שהרצועות היו משונות משל נכרים ואבילות דאליעזר היה כזה שהיה לבוש שחורים ומתכסה שחורים והיה רוצה שאפי' הרצועות יהיו שחורים שלא יהא עליו כלל צד לבנונית מפני חיבתה של ירושלים.

<u>מסכת סנהדרין דף עד.- עד:</u>

כי אתא רבין אמר רבי יוחנן: אפילו שלא בשעת השמד, לא אמרו אלא בצינעא, אבל בפרהסיא - אפילו מצוה קלה יהרג ואל יעבור. - מאי מצוה קלה? אמר רבא בר יצחק אמר רב: **[דף עד:]** אפילו לשנויי ערקתא דמסאנא.

<u>רש"י מסכת סנהדרין דף עד:</u>

ערקתא דמסאנא - שרוך הנעל, שאם דרך הנכרים לקשור כך ודרך ישראל בענין אחר, כגון שיש צד יהדות בדבר ודרך ישראל להיות צנועים אפילו שנוי זה שאין כאן מצוה אלא מנהג בעלמא יקדש את השם בפני חביריו ישראל, והאי פרהסיא מדבר בישראל.

<u>מסכת סוכה דף כו:</u>

משנה מעשה והביאו לו לרבן יוחנן בן זכאי לטעום את התבשיל ולרבן גמליאל שני כותבות ודלי של מים ואמרו העלום לסוכה וכשנתנו לו לרבי צדוק אוכל פחות מכביצה נטלו במפה ואכלו חוץ לסוכה ולא בירך אחריו **גמרא** מעשה לסתור חסורי מחסרא והכי קתני אם בא להחמיר על עצמו מחמיר ולית ביה משום יוהרא ומעשה נמי והביאו לו לרבן יוחנן בן זכאי לטעום את התבשיל ולרבן גמליאל שני כותבות ודלי של מים **[דף כז.]** ואמרו העלום לסוכה וכשנתנו לו לרבי צדוק אוכל פחות מכביצה נטלו במפה ואכלו חוץ לסוכה ולא בירך אחריו